永不褪色的人生

《永不褪色的人生》编委会 ◎ 编著

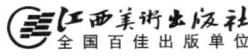
江西美术出版社
全国百佳出版单位

图书在版编目（CIP）数据

永不褪色的人生 /《永不褪色的人生》编委会编著
. 一 南昌：江西美术出版社，2022.12
ISBN 978-7-5480-9215-5

Ⅰ．①永… Ⅱ．①永… Ⅲ．①退役－军人－先进事迹－广汉－现代 Ⅳ．① K825.2

中国版本图书馆 CIP 数据核字（2022）第 253955 号

出 品 人：刘 芳
企 划：北京江美长风文化传播有限公司
责任编辑：楚天顺 张 颖
版式设计：零创意文化
责任印制：谭 勋

永不褪色的人生
YONGBU TUISE DE RENSHENG
《永不褪色的人生》编委会 / 编著

出 版：江西美术出版社
地 址：江西省南昌市子安路 66 号
网 址：www.jxfinearts.com
电子信箱：jxms163@163.com
电 话：010-82093808 0791-86566274
邮 编：330025
经 销：全国新华书店
印 刷：文畅阁印刷有限公司
版 次：2022 年 12 月第 1 版
印 次：2022 年 12 月第 1 次印刷
开 本：787mm×1092mm 1/16
印 张：14.75
ISBN 978-7-5480-9215-5
定 价：68.00 元

本书由江西美术出版社出版。未经出版者书面许可，不得以任何方式抄袭、复制或节录本书的任何部分。
版权所有，侵权必究
本书法律顾问：江西豫章律师事务所 晏辉律师

编委会主任：

毛　莉

编委会副主任：

马　俊　董文利

编委会成员：

王路姣　王道明　文书茂　孔继红　向启东
刘　珍　刘和根　邱世美　邱　林　余　嘉
胡　吉　秦世忠　唐咸金　程道敏

他们的脚步依然铿锵

董文利

"人类第一个国王乃是一名成功的士兵,国家的功臣无需有荣耀的祖先。"伟大的伏尔泰对军人的禀性做过这样的论说。"岂曰无衣?与子同袍。"这是我们古老又长盛不衰的战歌,凸显了士兵的众志成城。无论东西,无论古今,军人总是一道风景,虽遥远但真切可触。

很难有这样一个职业会给人留下如此深刻的人生印记:

在火热的军营,同饮一斛水,同着军装,龙腾虎跃,逢敌亮剑。退役后,他们依然热血沸腾,步履矫健,行进在人生的第二战场。

因难忘那隆隆的铁甲轰鸣退役后网名依然是"坦克"

的钟昌波、金牌调解员雒朝明、"常青树村干部"林兴伦，扎根基层一干便是数十个春秋；还有带出一支响当当的司法警察队伍的警花刘丽君，在教坛悉心耕耘的基层中学校长王万春……从他们身上，我们看到的依然是不变的执着与信念，过硬的素质，以及见证青春和荣光的晶莹汗水。

一段从戎的记忆被永远收藏在心底，晨起的军号在朝阳中飘荡，晚归的脚步在暮色中穿行。那是沙场练兵的阵阵呐喊，那是战友兄弟的情谊……

一种情怀被镌刻在再次扬帆的漫漫征程——忙碌的机关、教书育人的课堂、抗洪救灾的最前方、拱卫平安的每一个黎明……

这是一种精神的传递，一种信念的涅槃重生，虽再无硝烟豪迈，但如涓涓细流，浸润着故乡温暖的土地；更如石子和泥土，塑造着故乡的城市和乡村，雕塑出闪光的华彩人生。

这是一种力量的彰显。他们像一朵朵昂扬奋进的浪花，已汇入广汉建设成（都）德（阳）同城化发展先行融合区、县域经济高质量发展示范区的奔腾浪潮。

时光远去，喧嚣终将归于沉寂，但他们践行的脚印越发清晰，他们平凡而炽热的初心一直在不竭地传递着。

讲好退役军人故事，展示他们不忘初心、永葆本色、持续奋斗的时代风采，是做好退役军人相关工作的重要组成部分。不必是鲜花的献礼，也不必是大理石的铭记，只需要将目光投过去，故乡的沃野、你我的身边、你我的工作中，退役军人的群像总是高大又令人难忘。

让我们聆听，他们依然铿锵而坚定的脚步正由远及近。

目录

心系家国　情漫沃野——记优秀退役军人郑本禹　　001
唐咸金　王道明

热心公益　快乐自己——记优秀退役军人廖清伟　　008
苏　眉

永远的军人——记优秀退役军人欧阳义云　　016
唐咸金

圣火的追寻者——记优秀退役军人马俊　　024
夏兮予

热血军旅铸本色　三尺讲台育英才
——记优秀退役军人、广汉市七一学校校长王万春　　035
胡　吉

军魂永驻——记优秀退役军人王明军　　042
刘和根

情系沃土的水利人——记优秀退役军人邓宜松　　053
　文书茂

蔷薇花下依心居——记优秀退役军人向兴林　　062
　苏　眉

一粒泥土也有成为砖石的坚韧
——记优秀退役军人、广汉贵洪园艺家庭农场负责人向贵洪　　070
　夏分予

就爱这身警服的荣耀——记优秀退役军人、警花刘丽君　　078
　孔继红

心系故乡　情系百姓——记优秀退役军人刘晓波　　086
　马　俊

咱当兵的人，就是不一样——记优秀退役军人刘理科　　094
　秦世忠

城市交通好卫士——记优秀退役军人刘期林　　104
　苏　眉

虎型山下舞彩虹——记优秀退役军人汤严军　　111
　马　俊

军中绿花　职场绽放——记优秀退役军人李静　　117
　向启东

从"橄榄绿"到"藏青蓝"，尽显英雄本色
——记优秀退役军人、刑侦尖兵李杰　　125
　胡　吉

目 录

小溪终汇大海　勇者一往无前
——记优秀退役军人杨海勇　　　　　　　　　　　132
马　俊

骨子里的军魂——记优秀退役军人吴进　　　　138
秦世忠

一生平凡,"义"可不凡——记优秀退役军人张义　　146
邱　林

心怀梦想　扬帆远航——记优秀退役军人张扬　　153
王道明

用无悔青春续写军人本色——记优秀退役军人张学成　　160
程道敏

硬核"扫地匠"
——记优秀退役军人、广汉市综合行政执法局环卫所清扫
　　大队大队长陈川　　　　　　　　　　　　　　167
邱世美

退伍不褪色,社区勤务兵——记优秀退役军人陈松　　175
王路姣

"常青树村干部"——记优秀退役军人林兴伦　　182
文书茂

奋斗在路上,永不止息——记优秀退役军人周乐俊　　189
邱　林

他的名字叫"坦克"——记优秀退役军人钟昌波　　195
唐咸金

延续军魂，再创辉煌——记优秀退役军人秦伟   203
  刘和根

退伍老兵的座右铭："三老四严"
  ——记优秀退役军人雒朝明   212
  孔继红

编后记   221
  ——马俊执笔

心系家国　情漫沃野
——记优秀退役军人郑本禹

唐咸金　王道明

郑本禹家的壁柜里陈列着许多照片和荣誉证书。不过，最吸引人眼球的却是放在精美的礼盒里、衬着黄色绸缎、熠熠生辉的奖章：国家防汛抗旱总指挥部、人力资源和社会保障部、解放军原总政治部联合授予的"全国防汛抗旱先进个人"奖章，原铁道部授予的"火车头"奖章（抢险救灾），原成都军区授予的"抢险救灾先进个人"奖章……一名普通的退役军人、共产党员、基层干部能获得如此荣誉，让人肃然起敬。

1981年，19岁的郑本禹光荣地成为一名防化兵。防化兵的艰苦程度远超一般的兵种，其显著特点是一年四季都穿着厚重的防化服进行实战演练。冬天倒还可以，夏天的滋味可想而知——演练不结束，再热再闷，都不敢有丝毫松懈。一身湿透，汗迷双眼都是常态，最考验人的是口干舌燥，还要强憋尿意。3年艰苦的军营生活，将从小就怀揣军人梦的郑本禹锻造成一个不怕苦、有韧劲儿的优秀男子汉。

退役后，通过自学，郑本禹考入广汉市新华镇（今小汉镇）政府机关部门，负责新华镇国税征收和武装部的工作。1989年，因在"两个文明建设"中成绩突出，记三等功一次。1996年，任新华镇机关党支部书记、司法所长。1999年，任新华镇副镇长、武装部部长。尽管工作的性质和侧重点发生了些许改变，但他那份为国家分忧、为百姓服务的初心没有丝毫改变。

2002年4月，广汉市东南乡（今汉州街道）出现了一起突发事件。接到上级情况通报后，郑本禹立即组织30名民兵，火速赶往现场，执行维稳任务。就在这时，一只工作犬受到惊吓，突然扑向人群。郑本禹本能地伸手阻挡，被工作犬一口咬住小臂，瞬间血流如注。在同伴们的帮助下，他才挣脱工作犬的撕咬。去市卫生防疫站处理和包扎后，郑本禹又返回执勤现场，继续维护秩序。

后来听说，当时送医稍微再晚一会儿，他的手臂就保不住了。心疼他的家人都不能理解，妻子跟他怄了3天的气。等妻子的气消了，郑本禹说出了心里话："我也后怕啊！但身为武装部部长，维护社会稳定是我的职责。还有我带去的30名民兵，也都是我的好兄弟。再大的困难，我都应该和他们在一起。"

2005年，在汉源县瀑布沟水电站移民安置工作中，郑本禹得了个"拼命三郎"的绰号。移民安置工作本来就很繁杂，既要做好宣传解释工作，又要调整土地，建设安置房，还要指导移民生产生活。没想到事情又有了新的变化：原定6月底完成的安置任务被调整到5月底，当时离截止时间只剩下 15 天，安置点还一片凌乱，墙面没抹灰，地基没填平，水电都没安装。怎么办？只有加班加点。为了保证移民安置工作顺利完成，郑本禹集中 50 多名民兵，并给施工方制定了板上钉钉的工程进度规划，一起参加安置房建设。

做好规划之后，郑本禹每天来回奔波在 4 个安置点，督促施工进度、监督施工质量、协调解决施工中出现的各种困难。渴了，就喝口矿泉水；饿了，就啃几口随身带的面包。有一天，已经是凌晨 2 时 30 分，市移民办领导来检查工作，郑本禹虽然累了一天，但仍然陪着检查组查看了 4 个安置点，并对每个安置点的工作做了详细汇报。等他回到家，已是凌晨 5 点。那 15 天里，郑本禹始终坚守在"火线"上，每天休息不到 5 小时。

6 月 1 日 0 点前，32 户移民全部如期住进了新家。接下来，郑本禹组织民兵开展"一帮一"活动，帮助移民户插秧，指导他们生产，协调移民家庭的上学和就业等有关事宜，顺利实现了四川省政府提出的"安得下，稳得住"的目标。

事后镇领导说，当时把那么紧急的任务交给郑本禹，他们心里也没底。郑本禹真不愧是当代的"拼命三郎"！

如此突出的工作能力、扎实的工作作风，必然受到各级部门的通报表彰，自然会影响和鼓舞身边的人。新参加工作的年轻同志常常跟在郑本禹身边，亲昵地叫他郑叔，想从他身上学习和群众打交道的秘诀。郑本禹常常对他们说，始终把自己放在群众中间，和群众坐一条板凳，要知道群众喜欢什么，不喜欢什么，在想什么，希望什么。"公道自在人心，我们如何做，老百姓看在眼里，记在心底呢！"郑本禹如是说。

工作中的郑本禹（摄影：王毅）

2008年，"5·12"汶川大地震发生后，郑本禹第一时间组织了100多名民兵急速投入抗震救灾工作中，却顾不上自家。郑本禹家原是一楼一底的小青瓦楼房（即农村自建的二层楼），地震将屋顶的瓦片全部震落，墙体和楼板也出现了裂缝。当晚还下着雨。当郑本禹忙完工作赶回家时，看到80多岁的父母蜷缩在楼板下撑着伞避雨，愧疚和自责涌上心头，他忍不住掉下了眼泪。可灾情紧急，他悄悄擦去泪水，将老人稍作安顿，又连夜到受灾严重的地方查看灾情。

5月14日中午，已经连续工作了40多个小时的郑本禹突然感到晕眩，险些栽倒。他摸着路边的一块大石头，缓缓坐下，喝口水，休整了半小时，又开始了工作。从灾情发生到5月30日，郑本禹白天往返什邡、绵竹民兵抢险救灾点，与民兵一起抢险救灾；晚上返回广汉当地抢险救灾、指导生产，带领民兵巡阻焚烧秸秆，确保救援飞机正常飞行。半个多月下来，郑本禹整整瘦了22斤。

周围的群众看在眼里，疼在心尖儿，街头巷尾，田间地头，一碰到郑本禹，都亲切地笑着跟他打招呼；有什么事，人们都愿意找郑本禹说。再纠结的烦心事，只要郑本禹出面调解，就会神奇地得以化解。

2010年8月19日下午3点15分，由西安开往昆明的K165次列车呼啸着驶上了宝成铁路石亭江大桥。因洪水肆虐，大桥的两孔桥基突然发生塌陷，15、16号车厢呈"V"字形悬在空中，随时可能坠入浊流奔涌的江中！时任小汉镇人大副主席、武装部部长的郑本禹正带领应急民兵在石亭江大桥附近加固河堤。在这千钧一发的危急时刻，他高喊着："快，操家伙跟我去救人！"随后就拽起工程车上的铁锤健步冲向列车。

此时，车厢内的乘客惊慌失措，哭声、呼救声响成一片。郑本禹顾不得多想，抡起手中的铁锤向车窗砸去，一边砸，一边高声呼喊："赶快爬出来！赶快爬出来！"车窗在尖厉的破碎声中成了逃生通道，乘客一个接一个地被接出车厢。

经过近20分钟的紧急救援疏散，列车内1300余名乘客全部脱离险境。约两分钟后，悬挂在断桥上的两节车厢相继掉入江中，被湍急的洪水冲向下游……劫后余生的乘客们满含热泪，紧紧拉着郑本禹和他带领的民兵们的手,久久不愿松开!

事后有人问他,在那么危险的情况下,他怕不怕。郑本禹说,当时什么也没想,就像在部队里,冲锋号一响,没有多余的时间想别的,只有冲上去一个念头,脱掉军装自己依然是军人。身为武装部的干部,更有义不容辞的责任。当国家和人民群众遭受灾难时,必须冲锋在前。

工作中的郑本禹(摄影:王毅)

朴实低调的郑本禹没什么爱好,即便因忘我工作引发脑溢血病倒在办公室,大病初愈后不得不调离工作繁重的武装部部长工作岗位,他也不打牌,不钓鱼,有了闲暇,就侍弄屋后的菜园。

郑本禹有记日记的习惯,多年来记满了100多个笔记本。他把这些笔记本锁起来,从不轻易拿出。郑本禹计划退休之后,写一本自传,当作传家宝留给儿女。自传前言的题目他都想好了:"闲居非善志,甘心赴国忧!"

热心公益　快乐自己
——记优秀退役军人廖清伟

苏　眉

爱心蔬菜援武汉

2020年年初，一场突如其来的新冠肺炎疫情席卷中国，全国人民都投入到艰苦的抗疫斗争中。疫情最严重的武汉市受到了全国人民的关注，各种物资源源不断地支援武汉。奉献爱心的大军中也不乏广汉人的身影，其中退役军人、广汉市煦川混凝土有限公司董事长廖清伟就向武汉捐赠了20万斤爱心蔬菜（价值20多万元）。他的慷慨得到了大家的赞许，并吸引了媒体的关注和报道。

如果没有突来的疫情，这20多万元原本是春节期间廖清伟准备用于组织公司员工去腾冲七日自驾游的。团建活动因疫情取消的当夜，廖清伟就在想：活动不搞了，何不把这些钱捐出去？武汉封城几日了，大家的生活肯定有很多困难，我应该为他们做点什么。

热心公益　快乐自己——记优秀退役军人廖清伟

廖清伟军旅风采（由广汉市退役军人事务局提供）

第二天，他将自己的想法向公司所在的三水镇政府分管领导进行了汇报，希望政府出面对接，将自己的爱心捐款落到实处。镇领导很支持，马上向市里汇报。市领导回复：武汉现在最缺的是物资，你们想办法把钱换成物资捐赠吧。

捐物资？廖清伟想：捐什么呢？武汉现在最紧缺的应该是医疗物资，可是医用口罩、防护服，连正规医院都买不到的物资，我又从何处买呢？

他着实犯了难。后来,通过市领导与武汉方面对接,廖清伟得知武汉封城后,居民的日常生活物资已面临严重的短缺。对,就送居民日常紧缺的新鲜蔬菜吧!主意拿定,廖清伟马上着手,组织公司员工,加班加点,到广汉市连山镇、金堂县官仓街道的田间地头采买蔬菜。

官仓街道一位蔬菜种植大户听说廖清伟他们买的蔬菜是捐赠给武汉的,很受感动,主动将自己的蔬菜低于市场价出售给他们。

从1月30日开始,直到1月31日晚8点,廖清伟和他的伙伴们终于将20万斤蔬菜采购齐备,并连夜打包装车。满载蔬菜的5辆大卡车于2月1日凌晨3点迎着风雪从广汉出发,向武汉挺进。

这5辆大卡车是廖清伟向做物流生意的朋友借的。他要付给朋友运费时,朋友慷慨地说:"你20万斤蔬菜都捐了,我还能要你的运费吗?这样吧,蔬菜你捐,运输费我出,也算我为抗疫略尽绵薄之力了。"

就这样,5名卡车司机及两名押运人员,带着众多热心人的心意,做了一回"最美逆行者",把广汉人民的关心和祝福带到了武汉。

2020年2月1日,《德阳日报》以"广汉农民工党员个人出资购买20万斤蔬菜支援武汉"为题,报道了廖清伟的善举。紧接着,2月2日,广汉融媒体中心的"微新广汉"微信公众号平台将廖清伟等人从四处采买蔬菜,到联系运输车辆,不顾风雪交加的恶劣天气,千里送菜到武汉的事迹做了比较详细的报道,题目为"风雪无阻!广汉爱心蔬菜驰援武汉!"。廖清伟在田间接受采访、将蔬菜打包装车的视频迅速在抖音上走红,引来无数的围观和点赞。

热心公益 快乐自己——记优秀退役军人廖清伟

同时,廖清伟也陆续接到战友和朋友们的电话,他们都是打电话来确认,那个被口罩遮了大半边脸的人,是不是他们熟悉的廖清伟。接到电话的廖清伟第一感觉不是荣耀,而是吃惊,他没想到网络的传播速度这么快,影响范围这么大。

廖清伟历来都是个很低调的人,做好事帮助人也不只是这一次。做好事要做到实处,不求虚名,是他一贯的行事原则。这次的爱心蔬菜捐赠,他没有想过去宣传。他觉得,以自己正能量的行动,为武汉带去更多的爱心支持,也是在为抗疫尽力。接受采访时,廖清伟说:"在这场没有硝烟的战争中,我作为一名退役军人,一名共产党员,我的身份也是战士。一方有难,八方支援,我愿意尽全力和大家一起抗击疫情!"

发展助人两不误

一个阳光和煦的下午,我们走进了廖清伟的公司。

广汉出南门,行约10公里,便到了一个名叫"华家桥"的地方。华家桥左侧是通往国家4A级景区易家河坝的路;右拐,便直接进了广汉市煦川混凝土有限公司的厂区。

这里原是一片撂荒的烂河滩,蒿草丛生,乱石遍地。有人在这里大规模地喂过鸭子,也有人在这里挖沙取石,留下一片狼藉,坑坑洼洼的。2014年,一直在青白江租场地开混凝土搅拌站的廖清伟决定回乡创业。有着退役军人和返乡人员双重身份的他,得到了三水镇政府招商引资办的大力支持。通过镇政府与村里协调,廖清伟租下了这片隶属于宝莲村的荒滩。从清理杂草、回填深坑,再到平整路面,廖清伟花了大量的人力和物力。2015年,广汉市煦川混凝土有限公司正式投产运营。

厂区里,体形巨大的运砂车和罐车进进出出,一派繁忙的景象。左侧是生活区和办公区,整齐平整,与生产厂区一隔为二。板房搭建的两层办公楼前,一面巨石立于大门正中,上刻"煦川"两个大字,遒劲有力,颇具匠心。二楼会议室里,正面墙上镂刻着入党誓词,向人们庄严地表明了一个共产党人的责任与担当。对面靠墙是一排书架,上面摆放的不是书,而是一面又一面的奖牌。它们错落有致,金光闪闪,展示着企业的荣誉和辉煌。2017年度三水镇优秀企业、2018年度三水镇纳税大户、2019年度三水镇高质量发展重点企业、抗击新冠肺炎疫情先进企业会员、德阳市安全生产标准化三级企业……

工作中的廖清伟(摄影:陈华良)

热心公益 快乐自己——记优秀退役军人廖清伟

从连年获得的荣誉和证书里，我们仿佛看到了该公司一点一滴的发展、壮大和努力的付出。而从更多合作企业所评选的优秀供应商奖牌可以看出，该公司在业界拥有良好的口碑。廖清伟说："与我们合作的，多是央企，能够得到它们的认可，我们靠的是过硬的质量与优质的服务！"提及自家公司，廖清伟是自信且自豪的。

在公司发展的同时，廖清伟一直没有停止过爱心捐赠等公益活动。

2013年，他捐赠价值10万元的混凝土，帮助三水镇五星街和甘蔗市的道路进行路面硬化。相关领导来征求他的意见，是否在路口立碑，将街名以他的名字来命名，因为三水镇之前就有以捐赠人的名字来为道路命名的先例。廖清伟拒绝了。他说，看到自己的父老乡亲能走上好路，过上好日子，就是最大的欣慰。

此后，他又先后捐赠混凝土，完成三水小学对面家长等候区的道路硬化，以及宝莲村的部分道路修建和机井维修。逢年过节，他和妻子都要去三水镇敬老院，为老人们送去慰问金。对困难家庭及重病家庭的捐助，更是从没有间断过，少则千元，多则上万元。

廖清伟说，他在做这些事的时候，想到的是爷爷。爷爷就是个热心人，村子哪里路不平了，哪里桥面朽了，经老人家修修补补，就平顺牢固了。多年来，村里人一提起爷爷，都要竖大拇指。爷爷佝偻着背，一手拿钎，一手握铲的形象，已经深深地印在他的记忆里……

廖清伟一直有个计划，准备在广汉中学对口援助家庭困难的优秀学子，将自己的爱心继续下去，伴孩子们成长，助他们走向成功。2020年6

月，随着新冠肺炎疫情有所缓解，学校陆续复课，廖清伟的这项计划终于得以实施。他为广汉中学2018级、2019级的13位学生送去了每人300元的生活费，并承诺此后每月按时支付他们生活费，直到他们完成高中学业。廖清伟说，这是第一批，后面还会有第二批、第三批，只要有需要，他就会把这份爱心一直持续下去。

廖清伟的公司现有员工92人，两条生产线，38辆运输车。2018年年完税总额200多万元，2019年年完税总额达700多万元。回首自己回乡创业初期，从公司选址到投产运营，由员工15人、一条生产线、两辆运输车，发展到如今规模，这中间不仅有廖清伟的兢兢业业和公司员工的团结努力，也有三水镇政府给予他的大力支持。

工作中的廖清伟（摄影：陈华良）

热心公益　快乐自己——记优秀退役军人廖清伟

廖清伟说,以前在外面奔波、创业,总有一种人在异乡的飘零之感。如今,扎根本土,安守家乡,他心里踏实了。他认为,为家乡做点儿实事,为社会做点儿贡献,是理所应当的,只有这样的人生才是快乐的、有意义的。

离开厂区时,无意间回头,我们看到搅拌车间高大的厂房,看到墙上方方正正的"煦川"两个大字,像一道和煦的阳光,在闪烁、在照耀……

永远的军人
——记优秀退役军人欧阳义云

唐咸金

一

坐标：广汉市小汉镇工业园区，广交道路工程有限公司。

大型装载机和四桥货车来来往往，有条不紊地进行砂石运送、清洗和筛选。50吨级的沥青罐排列整齐，高耸的热合设备在蓝色的天幕下精神抖擞。

欧阳义云和平时一样，早上8点半准时到达公司，笑着和保安打过招呼，信步走进办公大楼。此时，副总经理和一线负责人已经在大厅讨论工程里遇到的问题。欧阳义云听过汇报，寥寥数语便部署完毕，讨论的人立刻散去，各赴各岗。

步入二楼整洁大气的办公室，行书匾额"诚信赢天下"映入眼帘，让每一个来访者感到亲切和放松。办公桌前立着一只巨大的鱼缸，缸里养着金灿灿的金鱼,悠然而灵动。

沏好盖碗茶,放起音乐,欧阳义云开始了一天的工作。

工作中的欧阳义云(摄影:唐焕云)

一会儿工人来报账签字,一会儿办公室文员拿来文件要他批复,一会儿生产厂长来请示设备底筛是否需要更换……

每周坚持三次游泳锻炼的欧阳义云,身材高挑,仪容俊朗。他穿着讲究,待人热情。在解放军某部警卫排的磨炼,让他自有一种军人的威严。欧阳义云想到成(都)绵(竹)高速第二复线和蜀龙大道综合交通改造工程,既兴奋又冷静。8000万元的启动资金来源和还在继续夯实合作基础的协作公司选择,以及可能出现的问题,在他脑海里一一清晰地闪现。

二

楼下停满了公司员工的私家车。清洁工穿着橘黄色的工作服,清理着进出货车留下的泥渍。门卫将抗击新冠肺炎疫情的宣传海报张贴在显眼的位置。这场新冠肺炎疫情让人担忧。欧阳义云在心中默默祈愿,愿公司早日恢复以前的红火。

公司于2020年3月24日复工。新冠肺炎疫情暴发前,正常情况下,公司每天能有10多万元的毛利。昨天,财务送来的报表显示,新冠肺炎疫情期间,公司已亏损180多万元……不过,欧阳义云一点也不焦虑。即使有焦虑,他也从不在员工面前表露出来。他必须胸有成竹,必须稳定军心。

目前欧阳义云的公司已有118名员工,这118名员工不仅是公司的业务支柱,也是他的主心骨、定心丸。2015年,公司遭遇困境,到了借钱发工资的地步,没有人主动离开,更没有人落井下石。是母亲拿出积蓄,是战友们纷纷解囊,更是公司员工们共同集资,让公司渡过了难关。公司起死回生之后,欧阳义云宣布:凡是在公司上班满10年的员工,每月基本工资上调20%。

"公司发展好了,理应回报员工。开公司做生意就像打仗,我是总指挥,取得全面胜利非我一己之功。"欧阳义云常常在公司例会上如是表达。"但是,想进我的公司,必须具备如下条件:第一,要孝顺父母;第二,退役军人优先;第三,绝对不要沾毒。"欧阳义云强调,"一个连父母都不孝敬的人，怎能对公司尽心尽责？怎能对社会的弱势群体真正关心？"

三

1973年出生的欧阳义云，孩提时就是孩子王。当时他家里兄弟姊妹多，生活困难，但同在工厂家属区生活的娃娃们还是愿意和他在一起玩。我们很好奇他靠什么引起了小伙伴们的关注。"说人格魅力，那是骗人的，那么小的孩子什么也不懂。"欧阳义云说。买不起玩具，就用闲置的书报自己折。无师自通的他用纸折出来的手枪、鹤、船、帽子、人物，都无一例外地吸引了身边的小伙伴。很多时候小伙伴们宁愿用家长花钱买的真玩具来换他的纸玩具。

1993年，欧阳义云毕业于广汉东方轴承厂技校。那时的广汉，新旧观念冲撞强烈。自卑又好强的欧阳义云十分迷茫，不知自己以后的路该怎么走，只是随大流，时不时还会做出令父母头疼的事。严厉而慈爱的父母对自家孩子的顽劣，看在眼里，痛在心上，毅然决然将儿子送去了军营。

"惭愧，现在想想，那时让父母操碎了心……"欧阳义云说，"要感谢在部队里接受的锻造。许多时候，特别是情绪低沉时，想到自己是军人，心底就会腾起一股不服输的劲儿。"

每年，欧阳义云都会组织战友团聚。他是拥有100多名成员的战友协会的会长。

欧阳义云军旅风采（由广汉市退役军人事务局提供）

四

退役后，欧阳义云没有选择和其他退役的战友一样去政府提供的安置岗位就业，而是和朋友开始经营美容美发公司，渐有资金后又涉足餐饮娱乐业。

"不避讳地说，那时的娱乐行业赚钱很容易，赔钱也很容易。才一年，我辛辛苦苦积攒的十几万元就赔了个精光。没法子了，朋友介绍我去当保安。直到到了工作地，我才发现每天的工作是看守养殖场、喂鳄鱼。100多亩的场地，就我一个人。荒郊野外倒不怕，每天送来的盒饭，对于年轻的我来说，根本填不饱肚子。自己都吃不饱，还要喂鳄鱼大量的鱼肉……想想就气，气得流泪，这份工作我只干了两天就离开了。我也去卖过盒饭……"

欧阳义云点上烟，似乎在回忆："就这样，苦过一段之后，我赚到了第一桶金。我觉得自己是幸运的，我总能遇到帮助我的贵人……"

2004年，有着丰富人生阅历和雄厚资金的欧阳义云回到广汉，成立了金红石化燃料公司。2013年，在朋友的帮助下，成立了广交沥青混凝土建设制造有限公司（后更名为"广交道路工程有限公司"）。

五

年幼时的困难生活，年轻时的困境磨砺，让事业有成的欧阳义云总是热心公益。2019年1月31日，欧阳义云走进雒城镇九江路社区（今雒城街道金佛社区），为困难群众送去温暖；2019年底，听朋友讲起金广学校想成立足球队，苦于资金短缺，一直未能实现，欧阳义云当场表态，一定要支持国家的体育事业，立马捐资10万元；新冠肺炎疫情期间，欧阳义云为小汉镇中心卫生院捐赠20万元……

亲戚朋友有困难，只要欧阳义云知道了，就会主动帮忙。"我也困难过。人嘛，都是爱面子的，知道那滋味不好受，能帮就帮点儿。乐于助人，这是中国人的优良传统，也是做人的本分。"欧阳义云说道。

提到自己的家，欧阳义云满脸都是笑意。老婆全职在家，想去哪儿旅游就去哪儿。读初三的儿子在新冠肺炎疫情期间没有忘记在学习上发力，学习成绩提高了几十名。他常常和儿子交流:"孝道是一个男人必须遵守的道德底线。不强求你的学习成绩多么拔尖,只要求你有进取心,会为人处世,能善良地对待身边每一个人。"

生活中的欧阳义云(摄影:唐焕云)

俗话说,父母是孩子最好的老师。欧阳义云言传身教,影响着儿子的成长。欧阳义云的父亲早逝,没有机会享福,这是他最大的遗憾。如今,80多岁的母亲跟着他生活。他工作再忙,每天回到家的第一件事,就是跟母亲报个到,陪母亲聊会儿天。母亲身心健康,就是他最大的安慰。

六

时间在愉快的交流中不知不觉过去了。临别时,欧阳义云送我们下楼,特地带我们去参观他养的孔雀。

公司围墙边,一丛茂密的绿植掩住一条狭长的通道。若不是欧阳义云的带领,外人是绝不会知道这里面还别有洞天。两只体态优美、羽毛华丽的孔雀,在围栏内优哉游哉地散着步,觅着食。对于我们的到来,它们一点也不惊慌。除了孔雀,围栏内还养着八哥和锦鸡。

从这些小动物身上,我们看到了欧阳义云善良、爱美的天性。他开辟这个小小园地,也是想着员工们累了,可以来这儿看看孔雀,逗逗八哥,让他们有一个散心放松的地方。每年,他还会组织公司员工出去旅游,国内、国外都去。这既增强了公司的凝聚力,又能有效地构建公司和谐环境,提升公司的市场竞争力。

作为一名公司经理,欧阳义云有军人的果断和机敏;作为社会的一分子,他更有军人的职守和担当……

圣火的追寻者
——记优秀退役军人马俊

夏兮予

人所共知,奥林匹克圣火是由奥林匹斯山上的阳光点燃的,它象征着光明、团结、友谊、和平、正义。

2007年4月26日晚,是一个令人激动的夜晚。当晚,北京奥组委在中华世纪坛向世界公布了2008年北京奥运会火炬传递路线,长江文明的杰出代表三星堆的故乡——广汉正式成为火炬传递城市之一。

这一消息令60万广汉父老欢欣鼓舞、奔走相告。在这欢庆的人群中,有一个人更是抑制不住内心的激动和喜悦,他就是当时广汉市抢抓奥运商机工作协调领导小组的成员马俊。申办奥运圣火传递工作启动3年多来,他与领导和同事们几赴北京,历经艰辛,最后奥运圣火终于光耀三星堆……

参与奥运圣火传递的申办工作,仅是马俊从部队退役后工作过程中一段难忘的经历。回望他以往的人生旅途,他一直在求索、在奋斗,为心中的圣火不懈努力。这圣火，便是对生活的热爱，对艺术的追寻，对真善美的礼赞，对故土的情怀。传承火焰，生生不息，下面让我们走进马俊平凡又精彩的人生。

青春岁月

马俊，1961年1月生于军人家庭，共产党员，广汉市委党史学习教育宣讲团成员，广汉市"两新"党建指导总站站长，连山镇滴水村、金鱼镇上岑村乡村振兴顾问。他的父亲是1942年参加革命的老军人，是新中国成立后首批授衔的少校，母亲是广汉师范附小校长。

1978年12月，马俊由广汉连山公社知青农场应征入伍。位于美丽山城重庆的基建工程兵第一技术学校（后移交地方并入重庆大学）留下了他认真工作的身影，马俊先后在政治部宣传科任图书管理员、广播员、放映员。他积极上进，勤奋好学，苦练播音主持技能。他根据部队院校的特点，配合政治教育、文化培植，自主开办了《校园之声》《银幕上的歌声》《点歌台》等多档节目，极大地丰富了校园的文化生活，被首长和师生们亲切地称为"小电台"。

正是这段校园播音主持的经历，为他之后从事广播电视工作打下了基础。其间，他曾获部队多次嘉奖，获得优秀义务兵、工作标兵等荣誉。1981年，马俊光荣地加入了中国共产党。

4年的军旅生涯，改变了马俊的人生走向，重塑了他的三观，在他的人生画卷中留下了深深的烙印。在部队这个大熔炉里，是党教育、培养了他，使他提升了思想认识，锻炼了工作能力，开阔了眼界视野。更重要的是他磨炼出了坚韧不拔、愈挫愈勇的品质。

马俊军旅风采（由广汉市退役军人事务局提供）

1982年底，马俊退役，回到了父亲和继母的生活所在地——河南省西平县（此时马俊母亲已去世）。离开部队时，他流下了不舍的眼泪。部队给予了他太多，是部队让他对生活、文学、播音有了更深的热爱。做一个有理想、有追求、有情怀、正直、友善、奋进的人，已成为他的人生目标，这目标如火焰一般在他的内心点燃。

退役后，马俊先后在西平县完全中学教导处和河南国家粮食储备库西平分库办公室工作。在此期间，他在部队院校练就的播音主持功力有了意外的用武之地。无论学校运动会的现场解说、夏秋两季收购公粮时的广播宣传，还是文艺舞台的主持，交谊舞、歌手、时装表演大赛的获奖，都让西平小城的人们对他刮目相看。

1992年7月，河南经济广播电台举办主持人大赛，马俊积极参赛并获了奖。至此，他清晰地意识到他与自己理想的事业已渐行渐近。

机遇总是留给有准备的人。1992年8月，即将正式建台的广汉电视台公开招录播音员的消息令远在河南的马俊热血沸腾，喜出望外，彻夜难眠，他清楚地知道这是回归故乡难得的机会。于是，他瞒着病重住院的父亲，背着6岁的儿子挤上火车，3次往返广汉和西平，参加了初试、复试和为期3个月的试播。最终，年龄最大、往返距离最远的马俊成为365位候选人中的唯一优胜者！终于，他凭借自己的努力回到了故乡广汉，以专业播音员、主持人的身份出现在了广汉的荧屏、舞台上！

奋斗时光

已过而立之年、情系广汉的马俊，终于如愿以偿地回到了故乡。

从此，清晨的鸭子河畔，多了一个吊嗓子的青年男子；化妆镜前，常常出现一个领口扎满大头针训练头姿口型的身影；广汉城乡，活跃着一个手持话筒、激情飞扬的主持人。他珍爱这个岗位，热爱这份职业，珍惜回报家乡的机会，他以更加饱满的激情和百倍的努力投入到他所热爱的工作之中。

他倾情投入，不断创新，通过《广汉新闻》《党建之窗》《热点追踪》

《红绿蓝视点》《话说广汉》《为青春喝彩》《幸运良宵》等多档节目,把党的声音和温暖传向千家万户。他继续发扬在部队院校养成的优良作风,遵章守纪,任劳任怨,勇于担当。他集播音主持、新闻记者、策划撰稿、栏目制片于一身,经常深入机关、学校、企业、乡村,捕捉新闻线索,掌握第一手资料,了解基层现状,体察民间疾苦,反映民众呼声,用实际行动践行着一名党的新闻工作者的神圣使命,成为当时广汉电视台最具知名度和影响力的媒体人,成为广汉百姓熟悉、认可、难忘的"小马哥"。

经过多年的工作历练,马俊逐渐从一名新闻工作者成长为一名管理者,走上领导岗位的他仍然离不开播音。身为广播电视局副局长的他,每天仍坚持播报新闻,在他调离广播电视局的当天,还满怀深情地完成了《广汉新闻》的录制。

从2001年12月至今,马俊历任广汉广播电视局、司法局、文化体育局副局长,广汉市委宣传部副部长,市政府新闻办主任、调研员,市委党建办副主任、市委组织部一级主任科员等职。在每一个岗位上,他都顾全大局,服从组织,扎实工作,甘于奉献,受到领导、同事、群众的广泛赞誉。

回到广汉30年间,马俊先后参与了广汉众多重大的文化活动:历年的春节团拜会、三星堆博物馆建成开馆文艺演出、香港凤凰卫视中文台《千禧之旅》拍摄采访活动、三星堆国际文化旅游节、北京奥运火炬接力展示活动等。他还参与主持、策划了数百场各级各类大型文艺晚会和社会活动,并为这些活动撰稿。马俊以他的激情、才智、风度,在各项活动中为广汉的文化发展做出了积极贡献,被誉为广汉本土著名资深主持人、策划人、撰稿人。

工作中的马俊(由广汉市退役军人事务局提供)

工作之余,他还笔耕不辍,潜心文学创作。2003年以来,散文《难忘桂花香》《情系桉树叶》,中篇小说《小雨》《家春》等作品陆续面世;由他组织策划并参与创作的《回望的视线》《梦翔广汉》由四川人民出版社出版;报告文学《狂澜之上显神勇　石亭江畔见真爱》刊发于《文学界·中国报告文学》,并获德阳市第二届三星堆文艺奖;与他人合著的长篇电视剧本《川西坝儿女》由沈阳出版社出版;作品自选集《跟随内心的声音》由四川民族出版社出版。一位著名主持人悄然隐入岁月的尘烟,一位优秀的本土作家渐渐被人们熟知。

浴火重生

随着时光的流逝、年龄的增长，马俊退出了工作一线。当他仍然用火一般的热情参与文化活动、提携新人、潜心创作的时候，可怕的病魔击中了他。2015年3月27日下午3时许，四川省人民医院病理科，马俊拿到了自己的针吸细胞学检测结果，一行刺目的黑色字迹映入眼帘："淋巴结转移性低分化鳞状细胞癌"。

在这一瞬间，他是迷茫的，怎么会是这样？癌！这是多么可怕的一个字眼，如此沉重、真实地落到自己的头上！同行的儿子也满眼茫然。

军人时期练就的理性和沉稳，让他没有自乱阵脚。他立即回到广汉，并表现出一副如释重负的样子……

当夜，是马俊人生中难忘的一夜。依旧谈笑风生的他打消了妻子的顾虑后，早早躺在了床上。这一夜，是心海翻腾的一夜，是思绪狂乱的一夜，也是痛下决心与病魔抗争、冷静得近乎残酷的一夜。

辗转反侧中，他回顾了自己54载的人生，回顾了自己过早失去母爱、坎坷不幸的童年，也回顾了自己步入军营、回归故乡收获的荣耀与幸福。最后，他决心再次迎接考验，与病魔抗争，扼住命运的咽喉！

从此，他开始了与病魔抗争的艰难历程。

令人揪心的是，在多方求医的过程中，中国人民解放军总医院的权威教授告诉他：由于他的外发灶肿瘤包裹粘连着颈部动脉血管，做手术的结

圣火的追寻者——记优秀退役军人马俊

果大概率会有两个:一是下不了手术台,二是成为植物人或者偏瘫;不做手术的结果则是内外灶迅速长大、溃烂、疼痛,无法入睡、进食,最多一年时间生命就会走到尽头……

心情稍稍平复之后,马俊毅然做出了放弃手术、保守治疗的决定,决心用意志和传统中医疗法与病魔做斗争,力争战胜它,微笑着活下去!

经过四川肿瘤医院和上海民生中医的精心治疗,在各级领导、众多亲朋的关心支持下,马俊的病情得到控制,精气神得以恢复。结束治疗后的5个夏季,他都会去重庆市武隆区接龙乡小坪村的马庙水居住。那里的青山绿水、静谧村寨、古老木楼、淳朴乡亲,给了他修复身心、阅读创作的绝佳环境。

生活中的马俊(由广汉市退役军人事务局提供)

经过不懈努力，马俊奇迹般地打破了权威专家对马俊只能存活一年的预判，顽强从容地走到了今天。他曾回忆，在四川肿瘤医院接受靶向、化疗、放疗"三管齐下"的治疗时，有两个夜晚他体内的痛楚超出往常，感觉再难看到明日的晨光。他看着陪在身边的儿子，想到自己既定的创作计划，想到所有关心、支持他的人，脑海里浮现出郑钧的一句歌词："在欲望的城市，你就是我最后的信仰。"坚持，不放弃！他忍受着剧烈的疼痛和不适，迎来了黎明的曙光。

在与病魔顽强抗争的过程中，他坚持文学创作，参与各类文化活动，用特殊的方式回报广汉这片深情的土地。广汉迎春团拜会（各界人士迎春联谊会）、三星堆博物馆建馆20周年庆典、"美丽德阳·美丽乡镇"竞演、松林桃花节、"九大碗"民俗活动、"文化原乡·松林乡村实验艺术活动"作品展、"舞动广汉·用运动庆祝我们的节日"主题体育舞蹈展演等大型文化活动，均有他的心血和身影。

尤其是每年的各界人士迎春联谊会，虽然节目单上马俊仅作为顾问出现，但实际上从整台晚会的方案策划、节目的构架，包括演员的选择、具体的排练，他均是操心始终，给导演组、创作组以巨大的支持和帮助。他所给予的专业指导，即便在患病期间也从未停止过。

2016年迎春联谊会的总体方案，就是他在病床上完成的。2017年迎春联谊会的原创节目音舞诗画《城市之春》，康复中的他与老搭档祝莉娅携手登台。当他身着一套灰色唐装，颈间配绕一条紫色围巾，神采奕奕地走上舞台时，尚未开口朗诵，台下已是一阵雷鸣般的掌声！

广汉的马哥回来了！马哥没有被病魔击倒，他又回到了他挚爱的舞台！

不知道站在舞台上的马哥是否被观众的掌声打动，但是观众中有很多人欣赏着马哥的深情表演，流下了感动的泪水……这泪水，是为强者而流，是为不屈的精神而流！

近年来，马俊的身体状况相对稳定，他更是没有停下工作的脚步。在广汉市文化艺术专项扶持资金的支持下，他在松林镇（今连山镇）界牌村成立了马俊文学工作室，开展文学创作、研讨、讲座等活动，签约、扶持青年学生，培养文学青年。马俊还利用网络平台，借助自己的微博和美篇，持续不断推出各类文章，弘扬真善美，传递正能量。

此外，马俊还积极投入乡村振兴工作，2018年12月挂职担任松林镇党委委员、界牌村乡村振兴顾问，广泛接触当地干部群众，了解经济文化发展现状，利用自身资源帮助当地招商引资，寻求支持，使界牌村基础设施有所改善，乡村文化活动惊艳开篇。他带去了新思路、新理念、新风尚，为乡村经济、文化的发展提供了很大的助力。作为新村民的马俊得到了当地群众的认可、尊重和喜爱，大家都亲切地称他为"马老师"。

2020年2月，马俊正式退休，但他前行的脚步仍然没有停止。他以"两新"党建指导总站站长的身份，奔波在企业、医院、银行、学校、社团之间，指导党建工作，开展素质培训……他饱含深情的文字，他真诚坦荡的微笑，他直达人心的热忱，感染着众多熟悉或不熟悉的人们，温暖着爱他和他爱的人们。

每当有人称他为广汉的资深文化人时,他却强调:"我只是一个踮起脚尖触摸文化的人。"而我们眼中的马哥、马老师,在率性、追求完美的个性之下,分明有着一颗对文化圣火执着追寻的、火热的心。

热血军旅铸本色　三尺讲台育英才
——记优秀退役军人、广汉市七一学校校长王万春

胡　吉

在部队，他是一名战士；退役后，他是一名光荣的乡村教师。身份变了，工作变了，始终不变的是他对党的坚定信仰，是吃苦耐劳、顽强拼搏的军人作风。在24年的教学生涯中，他始终以一名军人的执着和坚毅，怀揣一颗关爱农村孩子成长的赤诚之心，立德树人，春风化雨……

道义——退伍回乡

今年46岁的王万春，1993年从广汉师范学校毕业后，在金轮镇马嘶村小学任教。按捺不住从小扎根心底的军人梦，从教一年后，王万春毅然参军入伍。

1994—1997年，王万春服役于北京卫戍区某团，从普通战士逐渐成长为营部司务长兼文书。1995年、1996年，他连续两年被评为优秀士兵。1996年，光荣加入了中国共产党。1997年，荣立三等功。

王万春军旅风采（由广汉市退役军人事务局提供）

1997年12月，带着一身荣光，王万春退役回到广汉，在金轮中学（今金轮一中）工作，先后担任了体育教师、语文教师、团支部书记、政教处主任、教导处主任、副校长等职，并在这期间通过自考取得大专学历。在金轮中学任教12年，王万春每天想的、做的，都是怎样帮助贫困学子逐梦成长，怎样改善这所乡村学校的教学条件。

王万春曾经带过的一名初三学生，后来成了广汉小有名气的企业家。时隔多年，这位企业家难忘师恩，在向金轮二中（原兴隆中学，王万春后来工作的学校）捐赠体育教学器材的时候，物资里面附带了一封给王万春的感谢信。信中这样写道："作为一名农村娃，家里穷，没有见过世面，那个时候是不知道何为梦想的，所幸遇见您这样的恩师，给我们分享了首

热血军旅铸本色　三尺讲台育英才——记优秀退役军人、广汉市七一学校校长王万春

都生活和部队追梦往事。彼时，我的世界就像忽然之间打开了另外一扇窗户。是您让我得以了解世界原来很大，人生可以很精彩……回首往事，虽然我们几个总是比较调皮，但恩师的一视同仁，还有您的严厉与慈爱同行，对我而言，至今都是莫大的鼓舞……"

"助生成长，促校发展"已经成了王万春教学路上的全部志向。他还主动报名参加援彝工作，先后5次前往凉山彝族自治州美姑县、金阳县等偏远地区支教讲学，这些工作历练鞭策着他更加努力前行。

"痴心一片终不悔，呕心沥血育英才。"王万春在教师这个神圣的岗位上，无愧而充实地走过了在金轮中学的12个春秋。他先后被评为广汉市优秀教师、德阳市优秀教师，"全国语文教师读书竞赛百杰"，并获得德阳市教学成果奖等嘉奖。

担当——抗震救灾

2008年，"5·12"汶川大地震发生，王万春所在的学校校舍受损严重。王万春按照学校安排，第一时间组织教职员工进行自救，组织搭建临时帐篷、打扫卫生、消毒杀菌……他还数次冒着余震危险，进入教室、实验室、图书室、学生宿舍，对建筑物和学校设施、设备受损情况进行调查摸底、拍照登记，为及时掌握学校受损程度提供了准确数据。

在完成学校安排的任务后，王万春又加入志愿者队伍，积极参与抗震救灾工作。为了让受灾群众能尽快入住救助站，他顶着烈日，全程参与金轮救助站的修建，哪里需要就到哪里，安排干什么就干什么，搬运建筑材

料，装卸救灾物资，平整土地，铺砖，搭帐篷……每一天都工作到深夜。

金轮救助站建好后，先后接收了两批受灾群众入住。一名从汉旺镇转移过来的受伤学生刘某，因为受到惊吓，加上亲人失联，整日郁郁寡欢。王万春看在眼里，便主动承担起志愿者、老师和长辈三重责任，除了在生活上对刘同学无微不至地照顾，还耐心地对他进行心理疏导，最终将康复的刘同学顺利交到了其亲属手中。

每当急难险重任务出现的时候，王万春总是挺身而出的那个人，他不怕困难，勇于担当，深受学校教师、政府领导和广大群众的好评。

光芒——迎接挑战

2009年6月，广汉市宏华外国语学校（以下简称"宏华学校"）开始筹建。不畏艰难、敢于担当的王万春再次展示了"敢啃硬骨头"的军人作风。通过全市公开竞聘，他勇挑重担，先后担任宏华学校筹备组组长、宏华学校语文教师、党支部副书记、副校长。他与来自江苏启东的四人管理团队一起，助推宏华学校从无到有，由弱变强，实现了跨越式发展。

宏华学校从筹建到发展壮大，历经了数不清的曲折和艰辛。队伍磨合、并校整合、竞聘教师、起步招生、建章立制，教学设备设施安装调试，以及校园文化建设等系列工作，王万春都亲力亲为，废寝忘食、长年无休是他的工作常态，个中辛苦不足为外人道。对自己的家庭，王万春满含愧疚，好在他所做的一切都得到了家人的理解和支持。他的妻子常对他说："放心，家里的事有我！"

热血军旅铸本色　三尺讲台育英才——记优秀退役军人、广汉市七一学校校长王万春

"要当好校长,就要爱教爱校爱学生!"王万春是这样说的,更是这样做的。抓建设抓管理抓教学,他在实践中学习,在学习中实践,在各项工作中越来越在行。宏华学校的3年时光,把王万春锤炼成了优秀的管理干部。

2012年,王万春在江苏启东南苑中学挂职校长助理期满,从教育发达地区学成归来。当年7月,经教育主管部门考察考核,王万春担任了兴隆中学(今金轮二中)校长一职。他开始了迎接新挑战、绽放新光芒的旅程。

工作中的王万春(摄影:王毅)

上任后,王万春勤恳务实、雷厉风行的军人作风,带动了学校的管理团队和教师队伍,立足学校实际,锐意创新,连创佳绩。在充分与广大教师干部沟通交流的基础上,他首先完善了学校规章制度,全面建立"教、

考、评、奖、惩"综合评价体系，将多劳多得、优绩优酬、奖勤罚懒、奖优罚劣切实落到实处，极大调动了全体教师的积极性。

在澳门援助支持的灾后重建工作中，王万春与全校教职工不懈努力，建设了标准操场、实验室、图书室，并给所有教室、功能室都配备了多媒体网络教学设备。此外，学校还添置了完备的音、体、美、卫设施设备，理、化、生实验仪器和丰富的图书，办学条件不断改善，环境面貌日新月异。兴隆中学高标准地通过了四川省义务教育均衡发展评估达标验收及复查，实现了由当初的设施落后、默默无闻到如今的设施完善、各项工作名列乡镇中学前茅的巨大转变。

"要给学生一滴水，自己必须有一桶水。"担任校长期间，王万春利用业余时间，通过艰苦的自学考试，拿下了本科学历。功夫不负有心人，他对工作的高度负责和对自己的严格要求，结出了累累硕果：学校的教学质量由低谷徘徊到稳步提升，再到高位保持。学校连续获得"教学过程管理先进集体""学生素质教育'五个一'先进集体""德育工作先进集体""德阳市模范职工之家""德阳市防震减灾科普示范学校""德阳市篮球特色布点示范学校""教育局综合考核一等奖"等荣誉。王万春个人先后4次获得广汉市委、广汉市政府优秀校长的表彰，2020年获得"德阳市优秀校长"和"四川省模范退役军人"荣誉称号。

光阴似箭，岁月如梭。如今，王万春再次接受新的挑战，从金轮二中履新到广汉七一学校任校长，这已是他在教育战线上奋斗的第25个春秋，他的时间和精力几乎全部献给了教育事业。

热血军旅铸本色　三尺讲台育英才——记优秀退役军人、广汉市七一学校校长王万春

　　翻开王万春的工作简历，他从一所学校到另一所学校，一直钟爱着这三尺讲台和广汉这片热土。他的很多战友、同事，或下海经商，或调往县城，或考进大城市，可他都不为所动。曾有战友高薪邀请他共创财富，也有私立学校以优厚条件聘他前往工作，他都婉言谢绝。"乡村的孩子更需要我，我热爱这份工作，我愿意为广汉的基础教育事业奉献自己的那点微弱力量！"这是王万春的肺腑之言。

工作中的王万春（摄影：王毅）

　　"热血军旅铸本色，三尺讲台育英才。"曾为军人的王万春，始终践行着"退役不褪志，退伍不褪色"的铮铮誓言，把"忠于使命、不辱使命、献身使命"融入了一名人民教师的灵魂，继续书写着他的育人梦想……

军魂永驻
——记优秀退役军人王明军

刘和根

驱车由旌江干道往返广汉、德阳,路边一座美丽的村庄总会吸引人们的目光,那便是声名远播的白鹤上岭。一条条平坦的村道,一排排联体的别墅,一丛丛翠绿的树木,辅以宽阔的广场、完善的设施、浓郁的文化气息、和睦的乡邻氛围、村民幸福的笑靥,一幅川西当代新农村的绝美画卷立体生动地铺展在世人眼前。这就是广汉市金鱼镇上岑村(原白鹤村),川西平原一道靓丽的乡村风景。

王明军,一名生长于白鹤村的青年,有过军旅生涯的锻炼、星级宾馆工作的历练、自主创业的磨炼,怀揣梦想回到家乡,成为社会主义新农村建设(以下简称"新农村建设")的领头羊。他将个人的梦想与全村百姓的幸福梦想融为一体,紧紧把握新农村建设的契机,思路清晰,作风扎实,办事公道,敢于担当,甘于奉献,为白鹤上岭的建设付出了无数心血。当白鹤村成为新农村建设示范村的时候,王明军也登上了"出彩村官"的绚

军魂永驻——记优秀退役军人王明军

丽舞台……

　　王明军 18 岁光荣入伍，通过部队的教育培养，从一名农村青年成长为一名高素质军人。他多次被评为优秀士兵，并光荣地加入了中国共产党。1995 年 12 月，王明军载誉退役归乡。虽然王明军退役了，可他的一言一行处处体现出军人的作风。退役后，他发扬军人不怕苦、不怕累、工作积极主动、完成任务坚决等优良作风，先后在西园宾馆保卫部、营销部等多个部门工作，均赢得了领导的好评和同事的赞誉。

王明军军旅风采（由广汉市退役军人事务局提供）

2008年,"5·12"汶川大地震发生后,王明军的家乡白鹤村也遭受了较为严重的损失。为了家乡的灾后重建,他主动放弃了城里的优厚待遇,回到了满目疮痍的白鹤村。在白鹤村,他先后担任村民小组组长、村党支部副书记、村主任、村党支部书记。由于工作成绩突出,历年来多次被评为先进个人、优秀村干部、优秀共产党员、优秀党支部书记,2015年被评为广汉市"出彩村官"。以他为支部书记的白鹤村党支部连续多年被上级评为先进党支部。

王明军自担任村干部以后,就将全部身心投入到白鹤村的规划、建设和发展中,尤其是担任村党支部书记后,对白鹤村的整体建设做了全面的布局、周密的安排,并进行了大胆的运作、稳步的推进。

推进新农村建设,方显军人意志

为推进新村聚居建设,白鹤村结合土地增减挂钩政策,通过努力,争取到了新农村综合体建设项目。这原本是为老百姓办的一件大好事,谁知在推进过程中却遇到了极大阻力。部分村民还守着传统观念,对新农村建设及诸多涉及切身利益的问题提出了质疑。按上级要求一个新村聚居点至少要达到50户以上,村干部做了大量动员工作,全村报名的村民仅有二十几户,项目无法实施,推进工作举步维艰。

但困难压不倒英雄汉,浑身充满军人特质的王明军,决心以超强的执行力坚决完成任务。他反复到相关部门学习,进一步弄懂新村聚居建设的具体实施方案、村民补偿标准、总评费用(包括道路、管网、绿化、水电气到户均由国家承担)、村民需承担的费用(旧房补贴的差额部分),等等。他吃透政策后,便针对问题,结合政策,不厌其烦地入户走访,反复讲解,直到大家理解为止。

王明军几乎走遍了白鹤村的每一个院落,同样的话每天反复说几十遍,让群众明白政府的政策,清楚美好的愿景,并切实地为群众解决了许多具体困难。终于,报名的村民开始陆续增加,最后达到了200多户。

村民的思想工作做通了,并不意味着一切就大功告成了,还有许多困难摆在面前。如规划选址,就是其一。白鹤村是个合并村,由原来的白鹤村和龙马村组成。新村建设需要规划选址,可原白鹤村的村民不愿去原龙马村,原龙马村的村民也不愿去原白鹤村。在上级的支持下,白鹤村最后决定建设白鹤上岭及龙马映像两个新村聚居点,大家表示满意。

规划选址的问题解决了,下一步还需要调整土地。村民来自各个村民小组,建房土地需由村民提供(原宅基地复耕)。为了节约租地费用,王明军思前想后,决定采取"撵田"的方式,把各小组的建房用地"撵"到新村聚居点所在小组,在得到上级认可并征得村民同意后,他便每天到各个村民小组了解组之间、村民之间的土地情况,制定协调方案。

"撵田"过程中又涉及一些没有参与新村建设的村民的土地,出现了调不动、"撵"不走的局面。王明军便不分昼夜到村民家中做工作,讲利弊,争取到了各方面的支持。虽然有了大家的支持,但实际操作起来也是困难重重,最远的土地要从一个组跨几个组才能"撵"到新村建设点。

功夫不负有心人,通过他的不懈努力,终于将用地集中到了一处……

2012—2013年，白鹤上岭和龙马映像相继建成，234户村民顺利入住。

2013年，白鹤上岭被评为省级新农村建设示范点，白鹤村先后被评为省级法治新村、卫生新村、新农村建设试点新村、"四好村"。白鹤上岭的建设和管理模式得到了四川省委主要领导的充分肯定和表扬，省领导多次到白鹤上岭调研、指导。德阳市、广汉市等各级领导及周边乡镇群众也经常到白鹤上岭、龙马映像指导、参观。《四川日报》、四川电视台、《德阳日报》、德阳电视台、广汉电视台、"微新广汉"等多家新闻媒体平台对白鹤村的新村建设做了多次报道。昔日的偏僻小村，成了引人注目的网红村。

工作中的王明军（摄影：陈华良）

2020年，白鹤村和菱角村合并为上岑村，王明军被任命为村党支部书记。同年，上岑村被评为四川省文明村镇。

与此同时，王明军还带领大家把置换出来的老宅基地改造成了良田，有效扩大了耕地面积。在扩大耕地面积方面，王明军还结合殡葬政策，推行生态陵园。

作为新村规划的组成部分，王明军采取了"两手抓"的办法：为村民推进新村建设，为逝去的人新建生态陵园。但是，要改变自古以来的观念、改变乱葬坟的习惯是非常困难的。王明军以军人的勇气，知难而上，大胆推进，首先与村民交心谈心，了解他们的想法，给他们宣传政策，讲明道理，让他们知道好处，并针对具体问题对症下药，解决他们的实际问题。

为了赶进度，王明军经常熬更守夜，废寝忘食。最终，他把村里的梁家乱葬坟区域打造成了生态陵园，既美化了村貌，又节约了土地。

提高村民幸福指数，诠释军人初心

土地是解决农民温饱的基础，温饱是发展经济的基础，但解决温饱不是最终目的，还要不断提高人们的生活水平，增强幸福感。这就要在有限的土地上提高村民的经济收入，但该如何做呢？身为当家人的王明军全面分析了村里的现状，力求从本地资源和现有条件上找优势、选路子、挖潜力，发展三产经济，运用现代农业模式，正确引导群众致富。

为了适应现代化农业发展，推行规模化种植，建立育秧、植保、收储、风干、晾晒为一体的种植管理模式，他不遗余力地鼓励、培养种植大户。

同时,王明军还指导他们因地制宜,在不适合种植常规粮食作物的田块里成功种植了很多经济作物,种植面积达200余亩,使那些之前收成不佳的土地也产生了很好的经济效益。

工作中的王明军(摄影:陈华良)

此外,王明军还在2014年9月成立了广汉市农益粮食种植专业合作社,建立了4户家庭农场。目前,全村流转土地2300余亩。土地流转了,劳动力节约了,脱身出来的村民通过经商、打工等途径,大大增加了自家的家庭收入。

村民的腰包鼓了,生活环境好了,王明军开始思考如何丰富村民的业余文化生活,推动精神文明建设。为此,他与村两委班子成员多方商议,于 2015 年初成立了快板宣传队，建立了多支舞蹈队，每年开展两次村级文艺会演，并鼓励大家通过村阅览室，开展群众性的读书活动和知识竞赛活动。

村民们的业余时间大多数用在排练节目和学习知识上了，少了许多家长里短。现在群众之间、党群之间、干群之间闲话少了，情谊重了，邻里关系增强了，工作开展轻松多了。

为了让村里的老年人老有所乐，村里还建起了老人日间照料中心。在那里，老人们除了享受日间照料，还可以利用娱乐器材进行娱乐。

为鼓励青少年努力学习，王明军又出新招，实行了表彰优秀学生、关爱留守儿童的举措。从 2016 年起，每年学生领取录取通知书后，村里就对优秀学生进行表彰，并以表彰会为舞台，让孩子们展示自己的才艺。通过这些活动，引导孩子们积极向上，健康成长，快乐生活；家长、村组干部与孩子们互动，让孩子们感到生活在白鹤村这个大家庭里十分温暖幸福。这样的举措不仅让学生高兴，也让家长满意。

文化生活丰富了，夜间出行也多起来了，王明军又开始考虑村民的安全问题。为此，他对市场做了反复的调查论证后，提出了全村区域内安装简易路灯和监控设备的"光亮工程"+"平安工程"的规划。村两委讨论形成决议后，多方筹资，共同努力，全村所有院落需安装的 308 盏路灯，于 2017 年 12 月顺利完成。在广汉市公安局的大力支持下，2018 年 10 月，全村安装了 68 个监控探头。

路灯亮了，监控有了，村民夜间出行方便了，外出打工放心了。"光亮工程"照亮了道路,装点了乡村美景;"平安工程"震慑了罪犯,消除了邻里误会。2019年夏天,公安机关借助村里的监控,成功抓获了一名入室盗窃嫌疑人,还了邻居的清白。

冲在前沿阵地,彰显军人勇气

2018年7月11日,广汉遭受百年难遇的特大暴雨的袭击,王明军十分担心涨水对群众的生命财产造成威胁,早上天没亮就到全村各处巡查,发现多处内涝,立刻组织村两委干部及群众进行抢险。

他身先士卒,冲锋在前。雨水、汗水湿透衣服,他仍然带领干部、群众战斗在第一线,累了,伸伸腰继续干;乏了,喘喘粗气接着干;渴了,舔舔嘴唇努力干;饿了,吃块泡面加油干。由于组织得力,抢险及时,王明军一行人把洪涝灾害给群众造成的损失降到了最低。

一位村民告诉笔者:"不只是这次,每次大风大雨来临,以王明军为首的村干部,都会出现在村民的院子里,出现在群众的房前屋后,出现在建档立卡贫困户家中,出现在河堤边、沟渠旁……总之,哪里有问题,哪里有危险,他们就会出现在哪里。看到他们战斗在第一线,尽管雨水冲进家中,我们也一点不惧怕。因为,有他们,有党和政府做我们的坚强后盾。"

2020年1月24日,农历己亥年除夕,新冠肺炎疫情在湖北发生,王明军一接到严防死守的通知,就立即放下饭碗,到村上有条不紊地布置防疫工作,然后又马不停蹄,首先排查本村的返乡人员。

王明军和村两委成员分头开展"敲门行动",挨家挨户宣讲,挨家挨户摸排,对湖北等高风险地区返乡人员情况进行了详细的了解,对在家人员的登记做到了"村不漏户,户不漏人"。

除夕夜,王明军不仅没有过好年,也没看成春晚,直到庚子年的钟声敲响,他才拖着疲惫的身体回到家中。

经过排查,村里有4户湖北返乡人员。他们当中有没有潜伏的感染者,谁也不能确定。在后来的日子里,王明军几乎每天都要冒着被感染的危险去接触他们,给他们讲解最新的防疫政策,还给他们送去生活必需品,关心他们的身体状况。几位湖北返乡人员非常感动:"你们还把物资亲自送上门来。谢谢,谢谢!你们辛苦了。"经过王明军的耐心宣传和温馨探访,所有返乡人员都自觉严格地按政府要求居家隔离,毫无怨言。

大年初一,王明军一早又要出门,家人有些埋怨,他对家人说:"(新冠肺炎)疫情当前,我不上谁上?"他觉得,作为军人出身的村支书,必须冲在防疫第一线。他带领干部和党员,开始对群众进行宣传:大小喇叭喊起来,横幅拉起来,宣传画贴起来。

王明军不仅带头张贴、散发宣传资料,还天天开车载着移动播放器,用通俗易懂的家乡话进行宣讲:"不串门,不扎堆,不请春酒(当地新年亲友宴饮的风俗),不聚会;不信谣,不传谣,不要乱把壳子吹(讲闲话)。戴好口罩防传染,身体健康不吃亏。"

随着疫情的发展,王明军又带领村两委成员、党员及各村民小组的志愿者在各个路口设置卡点,开展群防群控。他不仅在卡点值守,还给那些对疫情不够重视、对防控措施有抵触情绪者做思想工作；不仅掌握本村防控工作的整体布局、把控进出本村关口，还亲自动手做一些如分发酒精等具体事务。大家看在眼里，都说："王书记简直是忙得毛根（儿）不沾背了。"

如今的上苓村社会安定，邻里和睦，民风淳朴，和谐有序，人人工作勤奋，家家生活幸福，堪称典型的社会主义新农村示范村。然而，王明军并未满足。面向万物互联的5G时代，上苓村当如何发展？王明军正在思考中从容前行。

情系沃土的水利人
——记优秀退役军人邓宜松

文书茂

漫步在松林这片红土地上,那些犹如颗颗翡翠般撒落在山野间的水库或蓄水池,像大地这片肺叶的泡,向四周的土地和林木源源不断地输送着氧气,将这方少雨缺水的丘陵区晕染成四季常绿的美好人间。

邓宜松,便是这众多让红壤丘陵区披上绿装的营造者和守护者之一。1995年从部队退役回到家乡的他,被安置到广汉市水利局下属的广汉市水利工程管理中心工作,但他的工作地点是位于自己家乡——绵远河连山镇老连山大桥东侧的市水利局灌溉中心第二管理所。这一干就是27年,匆忙的身影从未曾离开过这里。

在这里,邓宜松付出了辛苦,也收获了荣誉。2012年,邓宜松荣获"广汉市水利局优秀党员"称号。2018年,他被广汉市委组织部评为精准扶贫先进工作者。

邓宜松军旅风采（由广汉市退役军人事务局提供）

坚守防汛抗旱第一线

4月的一天，晨起的阳光似乎比以往更加明亮，天地间涌动着一派暮春的暖流。邓宜松开着车，和笔者一起开始了他一天的工作——去巡查水渠、水库。

"老刘，你的挖挖机（挖掘机的一种）咋还不动手挖泥巴，站在那儿干啥？"来到与红旗水库接壤的连山镇滴水村九社一低洼处一个已干涸的蓄水池旁，见池坎上的一台挖挖机趴在原地不动没工作时，性急的邓宜松不由得提高嗓门对姓刘的司机大声喊道。

这时，九社社长钟文焕也走了过来。邓宜松又问他为什么不开机挖池

情系沃土的水利人——记优秀退役军人邓宜松

底的淤泥,钟文焕指着池底厚约两米的稀淤泥说道:"老邓,你看,那淤泥太稀,弄不好机器开进去,怕陷到里面开不出来。"邓宜松上前仔细查看了一会儿,认为钟文焕的担心不无道理。于是,他说道:"困难是有点儿,但你们要想出个办法来,尽快抓紧时间把池底该清的淤泥全部清掉,把该补的浸水硬化池壁修补好。至于资金,我已给你们落实了,放心把池子弄好就是了。"

工作中的邓宜松(摄影:王毅)

这就是邓宜松日常工作中最普通的一幕,他就这样每天在野外、山地奔波,巡湖、巡沟渠,指导水库管理员工作,履行自己作为技师的职责。

这位1985年就在部队入党的老党员,说起具体的防汛工作来头头是道。他说，滴水村这一片，是广汉最缺水的地方。笔者问他，如何利用好水库或蓄水池来为缺水的丘陵区解决庄稼灌溉的问题。他说，丘陵区的土地能不能"春种一粒粟，秋收万颗子"，水是关键性的决定因素。自从近年来市里把滴水村作为扶贫攻坚的目标后，市里几个部门都在为改变这里的贫穷面貌出谋发力。投资在像这样中大容量级蓄水池上的资金，仅水利部门就有400多万元。几个部门投入如村道硬化、环境打造、居民饮用水、房屋改建等方面的资金，少说也在1000万元以上。像九社这样上千立方米的老蓄水池和新建的蓄水池，在滴水村就不下20多个，基本上能满足全村常年的土地用水需求。

是啊，水利是农业的命脉。水，成就万物，让土地有无限的收获；水，给生命以滋养，让我们每一个生活在这片土地上的人，活得光彩自信。

抗旱工作做好了，防汛工作也不能有闪失。邓宜松的主要工作就是要保证广汉6座水库的安全，指导、监督水库管理员工作，一年到头基本都在外面跑，另外还要兼管绵远河的防汛工作。

"防汛工作必须做好，特别是预防突发性的洪水，更要做好准备。水库下游的几千人、几千亩地，要记在心中，开不得玩笑。"

这话不是说说，平常的防护都是严格按照规程进行检查，一旦遇到突发洪灾，那就是对他们巨大的考验。说到这里，邓宜松回忆起了"7·11"特大暴雨洪灾发生时那难忘的五天五夜。

2018年7月11日凌晨，广汉突发特大暴雨洪灾，这是本地自1959年有记载以来最大单日降雨量引发的特大洪水。早上5点，被惊醒的邓宜松立刻约上同事文彬,驱车前往地处中江县的团结水库排险。

瓢泼大雨遮挡了视线,洪水冲下来的石块、泥土、树枝等多次横在路上,倾泻而下的山洪十分危险。两人不得不下车,徒手排除了路障再上路。由于走得急,没有穿雨衣,两人在排险的过程中全身湿透。到团结水库10公里的路程,平常开车只要10多分钟,这天开了40多分钟。

他们到了团结水库时溢道已翻水超过0.5米,这就比较危险了。邓宜松又和当地的村干部召集村民把卧管打开(平时水位比较低的时候,卧管都是封闭的;洪灾发生,水翻溢洪道排洪,卧管也要打开)。

邓宜松在大雨中组织群众,先由人工开一条路,然后再用大型机械清除路障。经过几小时的奋战,险情排除,水库的安全和下游人民群众的生命财产安全得以保障。

这边安全了,顾不上休息的邓宜松又匆忙赶到滴水村排查险情,转移群众。因山体滑坡很多路段堵塞,为保障群众顺利转移,邓宜松与工作队、村干部一起冒着山体滑坡和掉落石头的危险,继续用铁铲、锄头等工具疏通道路,安全顺利转移了处在危险区的群众。此时已是晚上8点多,从清早到现在,邓宜松一天只吃了一顿干粮。

接下来的几天,邓宜松与群众同吃同住,在一线连续奋战五天五夜抗击洪灾。提到这一段经历,邓宜松憨厚地说:"我是一名共产党员,防洪本来就是我的工作。安全最重要,熬点夜没有什么。"

"一棵青松"有情怀

在采访过程中,笔者加了邓宜松的微信,他的微信名叫"一棵青松"。看着他朴实执着的身影,笔者觉得这其实就是他20多年来奉献水利事业的真实写照。

2016年,广汉市水利局党组派邓宜松到松林镇滴水村担任驻村干部,他及时学习精准扶贫知识和政策,到村后第一时间摸清村情、民情,找出致贫原因,积极宣传党的扶贫政策,走村串户,与群众座谈交心,开"坝坝会"(领导干部跟群众面对面交流),引导、鼓励其自身发展的思想观念,挖掘各户自身发展潜力,激发他们的内生动力,长期联系上级部门和帮扶单位支持该村发展,为滴水村发展产业争取资金,往往为一件事情来回跑几十次。

工作中的邓宜松(摄影:王毅)

在邓宜松的不懈努力下，滴水村实现了各户都有产业增收并有稳定收入。2018年，该村建档立卡的贫困户全部实现脱贫。

在邓宜松的陪同下，笔者对滴水村的梨园酒坊和一个名叫向洪武的脱贫户进行了实地走访。

梨园酒坊的老板叫刘光竹。他有酿酒的手艺，之前一直想搞个酒坊，但苦于资金问题没有成功。邓宜松了解情况后，多方帮他筹措资金，让他在家门口办起了酒坊。两年下来，刘光竹的梨园酒坊有了一定的知名度。凡来滴水村旅游观光的人，都免不了怀着好奇心去梨园酒坊观光一番，感受一番，品评一番美酒的滋味。

三间崭新的房屋，整洁的居家环境，这就是脱贫致富后的向洪武的家。向洪武正值中年，人精瘦，体弱多病，至今单身一人。据他介绍，他小时候就很少在家，大部分时光是在远嫁的姐姐家度过的。青年时，他在外四处漂泊，极少回老家。不过，由于身体的原因，他这些年在外地打工所得的收入，除去吃饭、吃药等开销外，手里积余甚微。

看到向洪武家残破的老屋，邓宜松就把向洪武定位为实施精准扶贫对象。在他的协调下，向洪武修建新居的25000元扶贫专款落实到位。这笔钱建三间房基本够用了，但考虑向洪武至今还是单身一人，邓宜松担心有了新房子他也讨不上老婆，就又给向洪武做工作，让他想办法再凑点儿钱，一鼓作气把新房子修得舒适漂亮一些。就这样，本着由国家承担大部分、个人承担小部分的原则，向家的三间新房子建成了！在和向洪武的交谈中，笔者还了解到，过几天他会去新疆打工，想多挣点儿钱，以后回来成个家。

离开向洪武的家，回想着他憨憨的笑容，笔者在心中祝福他的日子越来越甜。

后来，邓宜松和笔者又乘车沿着狭窄的盘山水泥路，七弯八拐地来到滴水村与中江县集凤镇交界处的一处高坡——恋爱坪。这里居高临下，四周山野尽收眼底，真是一个休闲的好所在。

这里已初步建起了一个农家乐，名字就叫"恋爱坪"，主要采用了野外露营、滑翔飞行及吃住行乐于一体的经营模式。在这里，清晨可观东边日出，傍晚可览西边落霞，夜晚栖居于帐篷，还可以数星斗看月亮，极适合有情人打发时光。这里也成了广汉的一个网红打卡地。

"来到滴水村开展脱贫攻坚工作后，我思考的第一件事，就是要做到既有物质上的兑现，又要有文化上的输入，这就叫'扶贫重在扶志'。这些年来，我经历得最多也是最难的事，就是如何让那些贫困户首先认识到自己贫困的根源是什么，是身体条件不允许，还是懒惰、不思进取等。这类有碍于他自我发展的问题，如得不到根本上的解决，你给他的物资再多，恐怕也难以改变他的命运。"

站在恋爱坪上，邓宜松回想自己几年来的扶贫经历，不自觉间侃侃而谈。在下山的路上，邓宜松继续着他意犹未尽的扶贫话题："我初到这里，通过走访，了解到'恋爱坪'三个字的渊源后，还写了一篇介绍恋爱坪来龙去脉的短文，随同指示路牌一起，一并公诸社会，让更多的人对这地方有所了解。我认为，这算一种对扶贫的文化介入吧。"

"嗯，算是一种文化的介入，非常好！恋爱坪农家乐的出现，有你的一份功劳！"

邓宜松笑了笑说道："其实，没有什么功劳不功劳，我只是对这个由几个人出资建成的农家乐，起了一些牵线搭桥的作用，尽一份扶贫工作者的社会责任而已。至于怎么做可以发展得更好，怎么吸引更多的游客来这里，还得靠他们自己。"

笔者和邓宜松一起乘车下山了，满目青山绿水，一路花果飘香，生活在这片古老而年轻的红土地上的人们正在实现他们的梦想。作为一名曾经的军人，作为参与这片土地发展的建设者，这里的一切嬗变，又无一不浸润着邓宜松那份对家乡故土的挚爱与担当，以及那从部队熔炉中铸就的熠熠军魂。这"一棵青松"，在这片红土地上洒下的滴滴汗水，见证着他收获灿烂的春华秋实……

蔷薇花下依心居
——记优秀退役军人向兴林

苏 眉

2003年6月17日,这一天离向兴林22岁的生日还有13天,正是他意气风发、张扬青春的大好时候。然而,命运却在这一天给他按下了暂停键。

夜里11点刚过,向兴林如往常一样,正在街上武装巡逻。此时,对讲机里传来消息:广汉宾馆附近有人持刀抢劫,歹徒正驾车往大件路逃窜!向兴林和同伴在路口设卡堵截。歹徒见势不妙,转朝西城桥方向逃去,向兴林骑上摩托就追。那时候,西城桥一带正在扩修,路边堆放着不少建渣(建筑渣土)。向兴林只顾着追歹徒,没有注意到路边堆着砂石,骑着摩托车一头冲上去。因为车速太快,巨大的惯性把他摔出30多米,使得他头部着地……

向兴林昏迷了十天十夜。在昏迷的日子里,他不知道自己在医院做了开颅手术,在手术台上与死神搏斗了足有6个小时,也听不到日日以泪洗面的母亲痛彻心扉的呼唤。他终于从昏迷中醒来，看到了憔悴的父母、疲惫的未婚妻，以及一脸关切的领导和同事。他想坐起来与他们打招呼，却发现自己除了头部能稍稍转动，浑身竟似僵住一般不能动弹。医生说，他的命保住了已算万幸，余生将与轮椅相伴。这对于还不满22岁的向兴林来说，无疑比判死刑还难受。

是父母与未婚妻无微不至的照顾，是领导及战友的关怀和鼓励，更是从父亲身上继承和从部队练就的军人本色，让他勇敢地面对和接受了这一切。他积极配合治疗，开始了异常艰苦的康复训练。经过一段时间的治疗，向兴林能坐了，又能从病床上挪到轮椅上了。他再次从站立、抬腿、迈步开始，如婴儿一般练习着走路。1年后，他可以抬腿迈步了；3年后，他可以独立行走几十公里了；6年后，他可以骑自行车越野了……

当初判了他"死刑"的医生说，他创造了医学上的奇迹！但谁能想象，在这奇迹背后，向兴林要承受怎样的痛，付出怎样的艰辛和努力！这期间，未婚妻和他结婚生子后，又最终离开了他。他从不怨怪，对她始终心存感激。

经过此劫，向兴林再也做不成英姿飒爽的防暴警察了。市公安局给了他两个选择：一是调往其他部门，由局里安排一个相对轻松的岗位；二是安心回家疗养，由局里发放一次性生活补助。向兴林毅然选择了后者。理由很简单：自己还年轻，不能给国家添麻烦！

经过长达6年的康复训练，向兴林已经完全能够自主生活了。他觉得，是时候做些力所能及的事，来回报在他伤病期间予以他关心和救助的社会大众了。2009年7月,他和几个志同道合的朋友一起组建了广汉市第一支民间志愿者服务队——汇智义工。他们救助弱小,帮扶孤残,很快就吸引了更多的爱心人士,队伍也从最初的5人发展成固定志愿者五六十人、流动志愿者700多人。

工作中的向兴林(摄影:胡佑旭)

向兴林以军人的坚韧、善良的品性,感染着他身边的每一个人。一位看着他长大的邻居阿姨把自己的侄女莎介绍给了他。早在介绍前,女孩就对这位英勇的邻家哥哥有所耳闻,而这次英雄真真切切地坐到了她面前。

向兴林没有隐瞒自己的现状,他坦诚地对女孩说:"我现在有残疾,除了年幼的儿子、年老的双亲,几乎一无所有,你还愿意跟我在一起吗?"女孩竟毫不犹豫地回答:"我愿意!"就为了这一句"我愿意",他们在相处一个月后闪电般结了婚。又为了这一句"我愿意",她把向兴林的孩子视如己出,十年如一日地操持家务,侍奉双亲。后来,他们又有了可爱的小女儿。

在跟着向兴林做公益的日子里,每接触一个受助儿童,莎的内心就会有一次不小的震动。特别在救助一个叫丛丛的男孩时,向兴林只是回来向她讲述了初见丛丛时的景况,她就被深深地震撼了。

丛丛的父母没有正式成婚,父亲坐牢,母亲另嫁,丛丛就成了孤儿,蜷居于危房里,整天饥一顿饱一顿,靠村子里的好心人和他小叔时不时给他送点儿吃食维持生活。

就在莎为丛丛的遭遇心疼落泪时,向兴林说:"我一定要帮丛丛建一个新家!"向兴林话一说出,便义无反顾地开始行动了。他为丛丛四处奔走呼号,首先得到了政府的支持,这使得向兴林在极短的时间内就为丛丛成功地申报了户口,联系到了学校,申请到了低保,批到了宅基地,筹得了扶助款。

很快,在四周都是宽楼阔房的村子边,两间简易的平房建了起来。丛丛有了新家,8岁的他第一次睡到了软绵绵的新被子里,不再在风雨交加的夜里担惊受怕,尽管依旧吃着百家饭,却再也不用担心自己的生命安危了。这是莎最佩服她向哥的一件事,因为他又一次做到了常人所不能做到的事。

在汇智义工目前救助的11个孩子中,丛丛是最让向兴林牵挂的一个。其他孩子那儿是每月看望一次,丛丛这里则是每月去两次。每次去,他们都会将丛丛凌乱的小屋子收拾整齐，同时教丛丛做一些力所能及的事，希望他慢慢独立。

丛丛也是被救助的孩子中性格最内向的一个，几乎到了自闭的地步。无论义工们如何耐心、温柔地与他交谈，他都始终勾着头，一言不发。只有向兴林鼓励他"抬起头！挺起胸！喊出声！像军人叔叔一样，稍息，立正，敬礼"，他才听着向叔叔的口令做动作，脸上浮现出难得一见的怯怯笑容……

向兴林军旅风采（由广汉市退役军人事务局提供）

莎已经成了向兴林公益事业不可缺少的得力助手。有了妻子的支持，向兴林开始谋划起自己的宏伟蓝图。毕竟公益是需要财力支持的，仅仅靠义演和赞助，并非长久之计。

经朋友牵线，向兴林在西外乡（今三星堆镇）楠林村租下一所废弃的小学，他想把这里打造成一座既能产生经济收益，又能弘扬和传播国学的文化茶园。说干就干，从建渣、垃圾的清除，到一花一草、一砖一木的运回，夫妻二人都亲力亲为。听说哪里在拆迁，向兴林就骑上他的电三轮，载上妻子去捡回废旧的木料、砖瓦。别人不要的花花草草也被他们挖回来栽上。夫妻俩变废为宝，将木料修修改改，刨刨削削，一座小木亭就搭建起来了；砖瓦随意砌就，用水泥粘粘连连，墙面、地面便成了。

就这样，省了又省，他们仅有的7万元创业资金也很快花完了。还是在朋友的帮助下，向兴林申请到了四川省青年创业就业基金会的公益贷款，而且是该项目贷款的最高额度——10万元。

朋友在向兴林的生命中是不可或缺的。这是他在多年的公益事业中以自己的人格魅力积累起来的财富。他常常挂在嘴边的一句话就是："朋友间的帮忙，其实是相互的。往往我们在帮助别人的时候，也是在帮我们自己。"

一次，向兴林在一个废院里看到一盘石磨，很是欣喜，想把它搬回去，但石磨重一两百斤，凭他个人的力量，根本就无法搬动。正踌躇间，一个朋友打来电话，让他帮自己打个车，说自己困在一个山村无法回城。向兴林马上联系了一个跑运输的朋友，既帮被困的朋友救了急，又帮跑运输的朋友拉了一单生意，两全其美。

他并没有想到，这样平常的帮助最终却帮到了自己。原来，跑运输的朋友在接到他的电话后，问了一句他在哪里，他就顺口说了自己在跟一个石磨较劲儿的事。不多久，跑运输的朋友接到那位被困的朋友后，开车来找到了他，三个人一起，将石磨搬上车，拉回了他的园子……

4月，正值蔷薇盛开。一道花墙掩映的"依心之居"，早已不是几年前那个荒草丛生、垃圾遍地的废弃校园。初具模样的园子，处处都能看到向兴林夫妻二人的手工制造：质朴的竹篱、茂盛的蔷薇花墙、石子小径、木亭、小池、拱桥、禅意茶房……就连小小的卫生间也能看出夫妻二人的用心。

生活中的向兴林（摄影：胡佑旭）

"依心之居",一个充满禅意的名字,一个宁静淡泊的心灵归处。这,或许正是向兴林经过生命的涅槃后最大的收获和感悟吧。他希望每一个来到这里的人,都能找到自己的心之归依……

2020年4月30日,第23届"四川青年五四奖章"获奖名单揭晓,向兴林榜上有名。参加完颁奖典礼,向兴林心中感慨万分。获奖对他来说,已不陌生:1999年在部队时被评为优秀士兵,2001年被广汉市公安局评为优秀民警,2013年被四川省委评为"四川省雷锋式优秀志愿者",2014年被广汉市评为"出彩广汉人"……

这些闪光的荣誉,激励着坚强刚毅的他,不断地努力前行。"把青春和生命,放在党和人民需要的地方,永远绽放最绚丽的火花。"

他做到了!

一粒泥土也有成为砖石的坚韧
——记优秀退役军人、广汉贵洪园艺家庭农场负责人向贵洪

夏兮予

  一个阳光灿烂的早晨，美丽的新平小学校园迎来了一个匆匆忙忙的身影。只见他将自己驾驶的小货车慢慢停稳，然后从车上开始往下搬一盆盆的鲜花和绿植。他脚步不是那么矫健，甚至还有一点蹒跚，但是动作熟练。一会儿工夫，汗水就慢慢浸满了他的额头。

  正在忙碌的这个人，就是南丰镇（原新平镇）桂红村的向贵洪，他正把自己苗圃培育的鲜花和绿植捐赠给学校。

  鲜花和绿植静静地摆放在校园里，在阳光下散发出芬芳和生机，向贵洪的身影逐渐消失在乡村小道上……

跋涉——满眼青山未得过

  向贵洪出生于1974年3月。年轻时他就怀着对军营生活的向往参了

一粒泥土也有成为砖石的坚韧——记优秀退役军人、广汉贵洪园艺家庭农场负责人向贵洪

军,部队驻地在甘肃省兰州市。在部队的3年,他在警卫连待过,也在伙食团工作过。1994年,他光荣加入了中国共产党。3年时间虽然不长,但是开阔了他的眼界,也磨炼了他的意志,让他养成了不轻言放弃的性格。

向贵洪与战友合影(前排右一为向贵洪,由广汉市退役军人事务局提供)

退役后,他在西藏、北京打工10多年,搞过装修,搞过展销会。2011年,为了照顾年迈的父亲,他回到了广汉。

由于母亲生前身体不好,患有心脏病等多种疾病,一家人为了给母亲治病不仅花光了积蓄,还负债累累,他家一下子成了村里的贫困户。面对家里的状况,向贵洪没有一句怨言,而是利用父亲种花的手艺,种植花卉

以补贴家用。由于起初主要种植的是经济价值不高的马蹄莲、仙人球、金边莲等普通花卉，家里的收入仍然捉襟见肘。

向贵洪并没有气馁，也没有怨天尤人，他决心要摆脱生活的困境。他更加努力地向父亲学习种花的技艺，比如如何根据花卉的形态判断植物的生长，如何针对不同的病虫害对症下药，如何延长花期让花卉更美观……渐渐地，向贵洪成了种花的行家里手，花卉的销售收入也增加了。

2012年，就在向贵洪准备扩大种植规模时，不幸再次降临到这个家庭。向贵洪在一场车祸中受伤，由于当时忙着花卉的种植，没有及时就医，没想到几个月后患处疼痛难忍。他去医院检查，结果发现自己患上了双侧股骨头坏死！

由于家中经济困难，没有钱进行手术，向贵洪只能采取保守治疗，一度靠打止疼针来缓解疼痛。那几年，他拖着伤痛难忍的腿种植花卉、运送货物，行动非常不便。这使得向贵洪的创业之路变得举步维艰，刚有起色的生活再次陷入困境，生活的压力越来越大。更让向贵洪备受打击的是，相处多年的妻子此时选择和他离婚，带着女儿回了贵州老家。

面对生活的磨难，向贵洪依然没有放弃，他坚定地选择了向困境挑战，他要扼住命运的咽喉。经过深思熟虑，向贵洪想明白了这样一个道理：要创业，要走出生活的困境，首先要有一个健康的身体！后来，在新平镇党委、镇政府的关心帮助和多方筹措下，向贵洪在广汉市骨科医院顺利地完成了两期股骨头置换手术。虽然错过了手术的最佳时期，向贵洪的双腿恢复缓慢，但是也让他重新燃起了创业致富的信心。

一粒泥土也有成为砖石的坚韧——记优秀退役军人、广汉贵洪园艺家庭农场负责人向贵洪

"我很感谢（镇）党委、（镇）政府对我的关心。当时镇上了解了我的情况后，为我联系了医院，还给我报销了大部分的医疗费。手术非常成功，我现在恢复得也很好。"向贵洪和笔者谈到当时的情况，还很有信心地站起来走了几步，步履坚定轻快。

在发展产业方面，考虑到不能从事重体力劳动，而目前花卉市场上多肉植物很受欢迎，向贵洪以市场为导向，利用原有的技术大力发展劳动强度相对较小的多肉植物种植，发展优势产业来实现脱贫。

在镇党委、镇政府的帮助下，在扶贫项目跟踪服务行动的支持下，向贵洪向银行贷款3万多元，承包了土地种植观赏性多肉植物，成立了以自己的名字命名的贵洪园艺家庭农场（以下简称"贵洪园艺"）。镇上又帮他申请了贴息贷款，前后加起来为他贷款20万元左右。

经过几年的努力，向贵洪成了励志脱贫的先进典型，也成了带动和帮助其他贫困户、残疾人脱贫致富的优秀共产党员。

收获——天道酬勤 凡事感恩

下午3点多，初夏的阳光很明媚，晒到脸上有点儿生疼，坐落在桂红村田野中的贵洪园艺也很热闹。向贵洪和几个工人正忙着给住在广汉城区、自己驱车来买花的几个大姐栽"肉肉"、装盆景，另一个年轻姑娘正独自在大棚里挑选多肉植物。

向贵洪说，自己最初只在几分土地露天种植花卉，规模小不说，销售也非常困难。镇党委、村党支部的干部了解到他的情况后就发动群众来帮

他摆摊卖花。销路逐渐打开后,自己一家才维持了基本生活开支。后来自己又不断地扩大种植规模,由当初只有几分的露天花田发展到如今占地5亩多、拥有9个花卉大棚的专业多肉种植基地。

工作中的向贵洪(摄影:刘厚斌)

鉴于多肉市场前景看好,他又引进了黄金薄雪、鹿角海棠、红边月影、雁子灰等多肉新品种。现在种植基地内多肉植物品种达到了200多种,年出苗近40万株,它们被销往成都、绵阳、重庆等地,最远销往云南。

由于管理精细,多肉品质好,易存活,供不应求,向贵洪的生意有了很大的起色。目前,种植基地的收入一年有四五十万元,除去工人工资,纯收入也有近20万元。

一粒泥土也有成为砖石的坚韧——记优秀退役军人、广汉贵洪园艺家庭农场负责人向贵洪

说到发展,向贵洪感慨地说,自己现在生活水平提高了,想到还有和自己一样的残疾贫困户仍然未能摆脱贫困,他决定主动为这些乡亲提供帮助。

向贵洪种植基地里的工人大多是残疾人,有些人在这里学习种植多肉的技术之后,还会回家自己种多肉再拿到市场上卖,卖不出去的向贵洪还会帮忙卖。

张义,新城村九社村民,因为颈椎错位致残,2014年被确定为建档立卡贫困户,在家里无法干农活,需要干些力所能及的工作来维持生活。向贵洪从镇残联干部那里得知相关消息后,欣然接受了这位想自食其力的残疾人,主动邀请张义到贵洪园艺就业。他手把手地教张义多肉种植技术,还免费向张义提供一些多肉幼苗及盆栽。通过实习锻炼和向贵洪的指导,目前张义在自家自留地中搭起了钢架大棚,多肉繁育有了初步的种植规模。在向贵洪的带动下,张义对生活越来越有信心了。

每天都要到种植基地种花的李大娘说:"我在基地里已经干了两年多了,每天有80元的工资。没在基地工作之前,我自己种田,每年挣不了多少钱,还特别辛苦。"目前,在贵洪园艺工作的残疾人有10多个,有时候工人生活临时有困难了,向贵洪还会偷偷塞几百元资助他们。

"只要有残疾人想来干活,不管缺不缺工人,我都会让他们来。我原本是一个贫困户,多亏了有镇党委、镇政府的关心和关怀,才走出困境。我也是一名共产党员,所以我要带动和帮助其他贫困户、残疾人种植多肉,让更多的人脱贫致富。"谈到基地未来的规划时,向贵洪说。

向贵洪还有一个更大的梦想:继续把贵洪园艺做大做强,把种植基地

扩大到40亩,成立自己的园艺公司,将产品销往更大的市场。

向贵洪除了将继续扩大种植规模、帮扶残疾的乡亲外,还在种植基地对贫困户、残疾人等进行免费的技术培训。由市残联、镇残联组织的残疾人培训班经常到向贵洪的多肉种植基地进行培训学习,他都毫无保留地把知识技术倾囊相授。

向贵洪还积极投身公益事业。他经常给雒城三中(今广汉三中)、新平小学等单位捐赠一些花木,有时候仅收一些运输费。他说,看到孩子们在花木相伴的环境里学习,他心里就高兴;看到大家喜欢自己种的花木,他就抑制不住心里的快乐。

生活中的向贵洪(摄影:刘厚斌)

一粒泥土也有成为砖石的坚韧——记优秀退役军人、广汉贵洪园艺家庭农场负责人向贵洪

向贵洪的努力获得了回报。2017年,贵洪园艺被德阳市政府残疾人工作委员会评为德阳市残疾人双创示范基地,被广汉市残疾人联合会评为残疾人扶贫创业基地。2018年,向贵洪被德阳市残疾人联合会评为德阳市残疾人脱贫奔小康典型。2019年,他被德阳市委组织部评为德阳市优秀共产党员。

荣誉给予了向贵洪更大的激励。他每天忙碌着,已经康复的双腿迈着稳健的步伐,为更美好的生活,为回馈社会。他享受着被别人帮助的温暖和帮助别人的快乐。

烈火可以让凤凰涅槃。向贵洪不是凤凰,但他知道,普通的泥土经过烈火的熔炼,定能成为一方坚韧的砖石。

就爱这身警服的荣耀
——记优秀退役军人、警花刘丽君

孔继红

2004年,时年22岁的刘丽君从武警四川中队某部退役。踌躇满志的她从事过几年不同的工作后,发觉自己心里始终对身穿警服的荣耀难以割舍。2009年,刘丽君以优异的成绩考入四川省合江县人民法院法警大队,此后便一心扑在工作上,取得了突出的成绩。2013年,通过"团聚兴业引才兴市"计划,刘丽君回到心心念念的家乡广汉,成为广汉市人民法院一名司法警察,因表现优异,多次获得表彰和奖励。

从武警到法警,刘丽君都是那朵用生命去绽放的铿锵警花。尤其是自2017年刘丽君担任广汉市人民法院法警大队政委以来,她凭着对警察职业的热爱,以扎实的工作作风和过硬的业务能力,一步一个脚印,一点一滴积累,终于带出了一支响当当的司法警察队伍。

她本人先后荣获"四川省文明城市工作先进个人"、"四川省警务工作先进个人"、全省法院司法警察刑事审判庭审警务保障执法规范化活动

就爱这身警服的荣耀——记优秀退役军人、警花刘丽君

"先进个人",以及德阳市中级人民法院颁发的三等功奖章和广汉市"三八红旗手"称号。

刘丽君军旅风采(右为刘丽君,由广汉市退役军人事务局提供)

沉着冷静,从容应对突发情况

2020年的春天,对所有中国人来说都非比寻常。一场来势汹汹的新冠肺炎疫情,让大家在遭受磨难的同时,更加团结一心共度时艰。回想起这段经历,一起突发事件让刘丽君至今记忆犹新。

那天是2月26日。一大早,刘丽君照常带领队员们在法院门口执勤。在对一名准备进入法院的案件当事人进行体温检测时,他们发现该当事人的体温高达38.6℃。反复多次测量后,证实该当事人确实有发烧症状,现

场气氛顿时紧张起来。刘丽君安慰该当事人不要太过紧张,并对其他案件当事人进行安抚,同时迅速组织队员们将该当事人隔离,随后紧急向广汉市疫情防控指挥部汇报,按照指挥部的指示做出妥善处置。

在整个事件的处置过程中,刘丽君一直沉着冷静应对。由于处置得当,现场没有造成任何恐慌。直到事件处置完毕,她才觉得后怕。"毕竟新冠肺炎病毒的传染性非常强,当时大家都谈疫色变。一旦处置不当,很可能造成严重后果。"刘丽君说,"记得当天中午我回家,走到小区门口,突然想到还不知道那名当事人是否确诊,为了避免将可能存在的病毒传染给家人和小区其他住户,我又返回自己的工作岗位。直到确定那名当事人是普通发烧,我才回家。"

对法警来说,突发情况随时都会发生,而他们的工作就是要将突发情况及时遏制住,防患于未然。一次,刘丽君在对一名案件当事人进行安检时,通过X光机检视,发现该男子的随身包里有一个筒状物。虽然该物品不是金属质地,但细心的刘丽君还是要求当事人打开背包检查,结果发现竟是一枚烟幕弹。而烟幕弹一旦在法院庭审中过程燃放,势必会造成严重后果。刘丽君当即予以收缴,并通知公安机关做进一步处理,及时有效地制止了一起潜在的危险案件的发生。

2017年9月7日,公安机关准备对一名取保候审的被告人周某执行逮捕,为防止周某在公安机关到来之前脱逃,请求法警大队对周某进行严格管控。此前,周某多次在公安机关实施抓捕时以吞刀片等形式自伤自残,导致公安机关无法对其实施羁押。接到公安机关的请求后,刘丽君立即按照部署，迅速与法警大队其他队员一起，对周某先行控制，再进行搜身。经过仔细搜查后，他们果然从其钱包夹层及内衣中搜出两片刀片，阻止了其实施自残行为。

在2019年的一起离婚案件中，当事人王大姐因为丈夫拒不履行身为丈夫和孩子父亲的责任和义务，在庭审时情绪非常激动，多次扑打丈夫。刘丽君见状当机立断，上前紧紧抱住王大姐，避免其出现过激行为。可一时失去理智的王大姐，将怨气发泄在阻挡自己的刘丽君身上，对刘丽君拳打脚踢。刘丽君不顾身体的疼痛，始终牢牢控制住王大姐，维护了法庭的审理秩序。冷静下来的王大姐看到刘丽君身上的伤痕，满是悔恨地向刘丽君道了歉。

在广汉法院工作近10年来，经刘丽君指导和处理的类似事件还有很多。她和同事们收缴的违禁物品数不胜数，参与押解的刑事案被告数以千计，所遇到的突发情况也是五花八门，但由于准备充分、处置得当，从未发生被告人脱逃、自伤自残等安全事故。

千锤百炼，铸造钢铁法警队伍

平时勤练兵，战时方能胜！自2017年底任职广汉法院法警大队政委起，刘丽君就非常重视队员们的日常练兵，除了要求全体队员每日在训练室进行体能锻炼，还组织队员开展野外拉练、山地徒步越野等活动。"这些活动不仅能增强法警大队的团队凝聚力，更能有效提高队员间的团队协作能力和执行力。"刘丽君说。

在都江堰附近开展山地徒步穿越活动时，刘丽君带领全体法警克服天气、地形等带来的不利影响，将眼前的困难转化为前进的动力。大家相互支持和鼓励，终于完成了徒步穿越。

从小事做起，从细节提升，身为法警，只有依法履行职责，不断强化技能训练，才能为开庭和判决执行提供优质、安全的警务保障。多年来，在刘丽君的带领下，广汉法院法警大队每年坚持综合训练，在司法警察技能大比武中以优异成绩为广汉增光，展示了广汉法院司法警察的良好风貌。

工作中的刘丽君（摄影：桂华）

2019年9月，在德阳市的司法警察综合技能比赛中，广汉法院法警大队荣获团体第一名。同年，广汉法院法警大队被四川省高院评为执法规范化建设先进单位。刘丽君本人也在全省法警大比武的射击比赛中荣获个人第二名。此外，她还在2018年参加了教练员大比武，获得二等奖，并入选四川省法警总队人才库。

刘丽君还时常与队员交心谈心，详细了解队员的思想、工作、生活情况，鼓励他们不忘司法为民的初心，坚持群众至上的宗旨情怀，坚持崇法尚德的职业操守，坚守公平正义的价值取向，做一名优秀的司法警察，为法院审判执行工作提供坚强有力的警务保障。

"不论日常训练还是勤务工作，刘政委对我们要求都很严格，哪怕迟到1分钟也会被要求加练。"法警大队队员唐显其说，"但是我们大家都对刘政委很信服，因为她首先会严格要求自己，处处以身作则，亲身带头示范。"

爱岗敬业，展现新时代退役军人风采

十八届三中全会将司法改革确定为全面深化改革的重点领域之一，法律是维护社会公平正义的底线，而法警就是这条底线的护卫者。刘丽君深刻认识到，要真正做好法警工作，就一定要不断改革和创新法警工作，以改革促进步，用创新谋发展，大力提升司法保障能力和服务水平。

刘丽君将改革重点聚焦在加强作风纪律建设，进一步打造过硬法警队伍上。近年来，她不断强化人才队伍建设，优化人员配置，在不断纯正党风、巩固廉洁、加强自律中，培养每名法警扎实过硬的工作作风和廉洁自律的优良品质,努力让人民群众在每一个司法案件中感受到公平正义的同时,展现法警良好的司法作风和形象。

为了保障庭审工作顺利、有序、高效地开展,刘丽君提出因案施策,在规范化、专业化的前提下,制定个性化的庭审安全保障方案,有效保障了各种特殊情况的庭审审判。

工作中的刘丽君(摄影:桂华)

2018年12月25日上午,广汉法院公开审理了苏某等6人涉嫌恶势力团伙犯罪案。这是全国开展扫黑除恶专项斗争以来,广汉法院首次集中公开审理的扫黑除恶案件。为保障此次专案审理活动平稳有序进行,法警大队多次研究部署,拟定了详细的实施方案,确保了案件在得到公正审判的同时，又起到广泛宣传和警示教育作用。

执行难是社会持续关注、群众反应强烈的"老大难"问题。在开展"执行大会战"专项行动中，刘丽君带领队员们制定了周密的执行方案和应急对策，确保了法院判决执行到位。

一次，案件申请人肖某在做工程中不慎受伤，曾某、周某均是肖某提供劳务的对象，应承担民事赔偿责任，但周某一直规避执行。执行法官带领法警找到周某准备实施强制拘留时，遭到其亲属及围观群众的阻挠。法警队员按照部署临危不乱，对被执行人亲属及围观群众进行耐心释法明理，终于使大家了解到拒不履行人民法院生效的法律文书应承担的法律后果。最终，周某被依法拘留，并缴纳了执行款。

面对庄严的国徽，应当知道什么叫神圣；得到人民的信任，必须懂得怎样去珍惜！在日常工作中，刘丽君随时保持严谨的警容姿态，对自己高标准、严要求，时刻维护法律的尊严，用自己的实际行动赢得社会公众的尊重和支持，更无愧于司法警察的光荣职责！

心系故乡　情系百姓
——记优秀退役军人刘晓波

马　俊

16 年，在历史的长河中只是短暂的一瞬，但对于人的一生来说却是极为宝贵的时光。现年 40 岁的刘晓波，曾将长达 16 年的青春年华奉献给了绿色的军营，亦因 16 年的熔炼铸就了他与众不同的人生。

缘起军校

1982 年伊始，刘晓波出生在广汉市金鱼镇白云村。或许得益于这方水土的滋养，刘晓波如同一株岸边的杨柳，迎风摇曳，茁壮成长。2001 年冬，19 岁的刘晓波光荣入伍，成为一名守卫祖国北疆广袤林海的武警战士。他心怀梦想，志存高远，一年半之后考入武警森林指挥学院（现为中国消防救援学院）。在校期间，他逐渐对法律法规产生兴趣，开始自学法律知识。完成学业后，他先后辗转四川、福建，在森林武警这一特殊的军营里经受磨砺，建功立业。

心系故乡　情系百姓——记优秀退役军人刘晓波

刘晓波军旅风采（由广汉市退役军人事务局提供）

2014年，已经三等功荣誉加身、时任武警福建森林总队某部中队长的刘晓波，报名参加了国家司法考试（现为国家统一法律职业资格考试）。虽因几分之差留下遗憾，但也由此与司法结缘，对他之后的职业生涯产生了深远的影响。

2017年7月，转业回乡的刘晓波如愿进入广汉司法系统，成为南兴镇（今三星堆镇）司法所一名司法助理。

尽管曾经广泛涉猎法律知识，还曾经参加过国家司法考试，但立足最为基层的司法工作，刘晓波丝毫不敢懈怠。他又重新捧起书本，认真学习业务知识，在所长陈康的引导下迅速提升业务技能，尽快适应从部队带兵人到基层司法行政工作者的转变，在具体而琐碎的日常工作中，广接地气，扎下根须，丰满羽翼。

情系故乡

2018年5月，刘晓波从南兴镇司法所调至金鱼镇司法所。金鱼镇既是刘晓波的故乡，也是他施展才华的舞台。在社区矫正、人民调解、法律援助、法律宣传、公共法律服务等工作中，他倾注热情，百般耐心，事无巨细，亲力亲为，其职业精神、态度、办事效率受到部门、乡镇领导和当地群众的广泛赞誉。

在众人的眼里，刘晓波是一名不苟言笑、平实低调的司法工作者。然而，透过那双明亮的眼眸，我们可以清晰地读到一份真挚的热忱、一缕朴实的情愫、一种军人特有的勇毅。这样的热忱和情愫，除了家人，更多地给予了寻求帮助的普通群众；这样的勇毅则体现在紧急关头或关键时刻。

年终岁末，是拖欠农民工工资事件的高发时段。2019年1月底，金鱼镇司法所连续接待了两起农民工讨要工资的申请，涉及人员30余人，金额70余万元。两起拖欠农民工工资申请的涉事企业均是位于金鱼镇白云村的某建筑材料公司。由于该公司的货款和承包款还没有结清，导致出现了资金缺口，公司老板唐某打算等到货款和承包款到位后再支付所欠工资。但因拖欠人数较多，时间较长，又临近年终岁尾，30多名工人因为多次讨要无果，在工厂门口大量聚集，甚至出现了肢体冲突等情况。

心系故乡　情系百姓——记优秀退役军人刘晓波

工作中的刘晓波（摄影：刘厚斌）

接到调解申请后，刘晓波与张晓律师联手，详细了解情况，以极大的耐心，通过确认事实、宣讲法规、双方沟通、调委会协调的方法，宣讲国家政策和相关方面的法律法规，规劝双方通过积极有效的沟通，稳妥地解决拖欠农民工工资问题。他们建议双方都退让一步，重点说服唐某先付一部分工资，剩下的尾款立好字据，打消农民工的顾虑，同时说服农民工兄弟宽限一下企业付清工资的时间。

通过耐心细致的沟通调解，唐某最终答应先发放拖欠工资20余万元，剩余部分写下字据，做出兑现承诺，确定发放日期。至此，两起拖欠农民工工资的申请得到妥善解决，确保了辖区春节期间的和谐稳定。

2019年6月上旬，一位杨姓男子到金鱼镇司法所问询，声称要找人写诉状打官司，工作人员张某接待了他。

之后张某通过多方了解，杨某伤情轻微，不符合评残标准，但杨某对张某的回复不满意。之后，杨某又到金鱼派出所和金雁派出所要求解决，均因诉求过高无果。

2019年6月18日，杨某突然冲进金鱼镇司法所，一口咬定张某将他的医疗发票偷换了。当时司法所工作人员和派出所民警反复解释安抚，但杨某仍然情绪激动。见此情景，刘晓波提出建议，6月21日到广汉市人民医院查阅原件，如果真如他所言发票被偷换，就为他查证换回。杨某表示同意，随后离开了司法所。

鉴于杨某的过激表现，为确保张某安全，6月20日下午，刘晓波与金鱼派出所所长秦伟商议确定，安排一名民警与张某一道陪同杨某及其家属前往广汉市人民医院调阅资料。

6月21日，查阅原始资料的结果与张某之前查询掌握的治疗费用一致。当时，杨某对查阅结果未提出任何疑义，但他要求再次去往金雁派出所。

随后，杨某在金雁派出所索要笔录不成，对他女儿大发脾气后自行离去。杨某妻子和女儿担心他情绪波动惹事，立刻赶到金鱼司法所与张某商量应对办法。没过多久，杨某冲进金鱼司法所，突然从手提的塑料袋中抽出一把杀猪刀刺向张某。

在这危急时刻，刘晓波沉着冷静，立即冲上前去抢夺下凶器，并马上向派出所呼喊报警。两名民警闻讯赶来，合力制伏了杨某。在此过程中，虽然刘晓波右手被划伤，张某左手受伤，但最终防止了事态进一步恶化，成功制止了一场故意伤害案件的发生。

再显身手

时光的步履走进2020年，春花尚未如期绽放，新冠肺炎疫情却突然来袭，农村也成了疫情防控的主战场。

作为一名退役军人，作为一名共产党员，驻任金轮镇桂花村、柳虹村、金庵村第一书记的刘晓波，有责任和义务守护群众的生命健康。他第一时间下沉疫情防控一线，通过工作微信群与村社干部分解广汉的防控要求及防疫相关政策法规，和村两委共同研究集中居住区、分散院落封闭管理方法，督促组织以党员、民兵、放寒假在家的大学生为主体的志愿者服务队，协助村两委严格落实疫情防控措施。

刘晓波合理安排志愿者到村道卡点轮流值守，开展"敲门行动"，逐户仔细排查武汉（湖北）等高风险地区返乡人员，监督落实居家隔离观察措施，并在广汉市司法局的帮助下，第一时间为3个村捐赠消毒液、酒精、医用口罩等防护物资。他还坚持协助村干部每天定时走访居家隔离人员，掌握其身体状况，开展法律咨询、居家心理调适、代购生活物资等关怀活动，解除居家隔离人员的后顾之忧。

2月18日，金轮镇桂花村村民尹某的父亲过世，尹某准备给老人按习俗操办后事，亲友们也纷纷要求参加葬礼。刘晓波得知情况后，迅速与村干部一起到尹某家做工作，详细说明防聚集性疫情的相关规定，违反规定引发严重后果可能承担的法律责任。经过刘晓波动之以情、晓之以理的细致工作，尹某被说服了，主动简办丧事，取消丧宴，并积极做好亲友的解释工作。

疫情防控期间，禁止人员外出，农贸市场限制开放，交通运输受阻，严重影响了农村的生产生活秩序。刘晓波协助村两委一起研究布置疫情防控与春耕生产，在确保人员不聚集的情况下，组织农资，不误农时，有序开展农业生产。

在得知柳虹村养鹅大户陈某的禽蛋滞销后，刘晓波一方面宣传疫情防控相关政策，鼓励陈某坚定战胜疫情的信心；另一方面帮助陈某通过微信、微博等途径公布销售信息，发动亲朋转发宣传，缓解了禽蛋的销售压力，将损失降到了最低。

随着疫情的缓解，各企业逐步复工复产，金轮镇的外出务工人员也陆续接到复工通知。刘晓波按照《关于在疫情防控期间有序推进服务业企业（单位）复工复业的通知》要求，及时在村民中开展外出务工情况摸底，分三类区域对有务工意愿的人员进行登记，并仔细讲解《四川省应对新型冠状病毒肺炎疫情应急指挥部公告（第8号）》精神，积极配合外出务工人员办理健康证明，为他们顺利返岗提供便利。

在打好疫情防控和农业生产两场战役中，刘晓波再显身手，拿出真招、实招，以实际行动为群众送去防疫的保障、生活的便利、安全的防护。

刘晓波不仅热爱自己的事业，还热爱五彩的生活。他喜好书法、绘画，收藏民间历史文化珍品，修身养性，陶冶情操。或许，常人将地位、权势、

心系故乡　情系百姓——记优秀退役军人刘晓波

工作中的刘晓波（面向镜头者为刘晓波，摄影：刘厚斌）

财富视为成功的标准，刘晓波却把能否真心真意为百姓办事、为人民群众服好务作为人生价值的取向。

咱当兵的人，就是不一样
——记优秀退役军人刘理科

秦世忠

他，军人出身，为人耿直，意志坚定；他，勤勤恳恳，年轻有为，事业有成；他，心怀感恩，乐善好施，回报桑梓；他，父母的骄傲，家乡的骄傲，部队的骄傲！他便是退役军人刘理科。

用无悔青春报效军营

因为堂叔、堂兄均有从军经历，童年时的刘理科就特别喜欢笔挺、威武的军装，立志长大后要当一名军人。1996年，中学毕业不久的他便自愿报名参军，成了新疆军区（后归入西部战区）某炮兵旅的一名炮兵。

在新疆服役的3年时光，成为刘理科人生最重要的经历。因新兵训练下连队时被分配到炊事班任给养员，他一万个想不通。班长、司务长、营首长轮番给他做思想工作，最后他认识到：革命战士是块砖，哪里需要哪里搬；革命工作，只有分工不同，没有高低贵贱，只要把本职工作干好了，

咱当兵的人，就是不一样——记优秀退役军人刘理科

一样能立功成才。认识提高后，他凭着踏实认真、积极肯干的精神，在后勤保障工作中成绩突出，先后两次被评为优秀士兵，一次荣立三等功。

刘理科军旅风采（由广汉市退役军人事务局提供）

同时，刘理科利用自己的爱好特长，策划文艺演出，自编自演文艺节目，多次在旅部礼堂进行表演，得到了旅首长的多次表扬。在建军70周年之际，刘理科代表所在的炮兵旅参加了新疆军区文艺会演，并与歌唱家王宏伟、巴哈尔古丽等同台演出，为炮兵旅争得了荣誉。

此后不久，刘理科被调至新疆军区某干休所，在原北疆军区首长身边工作。他踏实、勤快、灵性的工作作风，得到了老首长的赞许和喜爱。那

一年,他光荣地加入了中国共产党。

1999年3月,营里选拔他作为优秀战士参加了班长集训,他回到炮兵旅后就成了当时全旅最年轻的班长。他带出的班是排头班,他带出的士兵也威信很高。正当他被部队首长列为重点培养对象,准备直接转士官时,他却选择了带着部队给予他的宝贵精神财富退役回家创业。

追逐梦想的多面创客

1999年,刘理科退役回到家乡,开启了自己的逐梦之旅。在他看来,永葆军人本色,创新发展,创业致富,争当时代先锋,才是他追求的目标。刘理科曾在新丰镇(今汉州街道)政府后勤办履职,后转战通信行业,再踏入婚庆行业。

创业之初是艰辛的,没有店面,刘理科就当"游击队",骑着电瓶车四处奔波。为了节约开支,刘理科又当老板,又当搬运工,还当主持人。很快,第一单业务就接到了。他非常激动,以满腔的热情成功策划并主持了首场婚礼。客户的高度评价,让他尝到了初战告捷的喜悦。从此,刘理科的势头一发不可收。

随着消费水平的提高,人们对婚庆主题化、个性化的要求也越来越高。在广汉的婚庆门店遍地开花、行业发展一片红火时,这份甜蜜的事业也遭遇了成长的烦恼,如准入门槛低、价格战、从业人员素质良莠不齐、缺少行业自律等。刘理科却凭借对婚庆事业的执着追求,以热情周到的服务、独具匠心的婚礼策划、诚实守信的经营理念,赢得了市场与新人们的青睐，闯出了一片属于自己的天地。

凭借独具特色的汉式、传统中式婚礼的策划，请刘理科的人越来越多，他策划、主持的婚庆活动最多的时候一天有 8 场，一年达到 300 余场，实现年营业额 100 万余元。

十几年来，刘理科策划、主持了上千场婚寿礼及各类礼仪庆典活动，为社会主义精神文明建设和新人们的幸福梦想助力，带动了当地高校大学生勤工俭学，解决了不少人的就业问题。

刘理科还积极参加公益活动：在历年成都武侯祠官方祭祖庆典中，担任司祭；主持来自中国、比利时、日本、美国、韩国、荷兰、马来西亚等 10 个国家的涉外婚礼，藏族、羌族、土家族等少数民族婚礼，南充百对新人集体婚礼等；主持老干部、老知青、老战友等联谊活动；主持广汉保护"非遗"传承汉剧、传统尊师大典、重阳尊老孝老活动，"戊戌六君子"之一刘光第 160 周年诞辰纪念活动等，为中华民族的文化自信和爱国主义教育做出了扎实的贡献。他还走进军营、大学做创业辅导。

2014 年以来，刘理科的公司先后广汉市关心下一代委员会（简称"广汉市关工委"）评为"热心慈善支持青少年事业发展先进单位"，荣获共青团德阳市委青创计划公益贡献奖。刘理科本人被评为广汉市"乡村好青年"、广汉市青年联合会（简称"广汉市青联会"）优秀青年志愿者、军民共建先进个人（西部战区某政治部）、贵州大学"创业素质教育校外导师"等称号。

其退役创业事迹和荣誉被广汉市人武部荣誉室收藏并展览，中央、省、市广播电视及报刊等新闻媒体，曾 30 多次报道他的先进事迹。

甘为公仆，一诺千金

是阳光总会灿烂，是真金总会发光。2016年9月，新丰镇党委任命刘理科为卡房村代理党支部书记。3个月后，经民主选举，刘理科全票当选卡房村党支部书记。他深感使命光荣，责任重大，就发挥雷厉风行的军人作风，立刻进入了角色。从一张白纸到不断学习、实践和扎实工作，刘理科很快就成了称职老练的村支书。在他的领导下，卡房村各项工作都有了新变化，从一个"软弱涣散"村转变成省级"四好村"。他本人也得到上级的充分肯定和村民的极大认可。

刘理科带领村两委班子，为村民办了八件实事：

工作中的刘理科（摄影：郭大贵）

一是狠抓民生工程，硬化了全村所有村道，安装了主干道太阳能路灯，使村民出行更为方便。

二是实现了全村通天然气，并积极协调，在2020年完成全村通自来水。

三是招商引资，深化土地流转，让种粮大户规模化、机械化生产。

四是扶贫攻坚，一个都不能少。如今，卡房村全村已完全实现脱贫。

五是认真贯彻河长制，治理好辖区内的蒋家河、零号渠、黄土堰等沟渠，管理好院落的排污管道，以实际行动贯彻"绿水青山就是金山银山"的精神。

六是狠抓精神文明建设，丰富群众文化生活：弘扬家风、族风、村风，为村里百岁老人主持公益寿礼；"八一节"慰问，关爱老兵；重阳慰问，关爱老人；元宵佳节，组织全村老少品汤圆、赏节目、闹元宵等。

七是邀请党校教授、农科院专家、法律人士、公安消防机构等来卡房村开办农村夜校，让村民学习增产增收知识，增强防火安全意识，让村民学法、知法、懂法、守法，减少纠纷，确保全村的稳定发展。

八是与公安、交通、广电网络等部门协调，实施"雪亮工程"，在村域各主要路口，安装路灯、天眼、摄像头和警示标志，为全村防盗以及交通安全保驾护航。

坚强堡垒抗洪魔

2018年7月11日，成都平原经历了一场突如其来的特大洪水。地处成都二绕（即成都六环路）和成（都）兰（州）铁路之间的卡房村惨遭袭击。蒋家河洪水暴涨，波浪翻滚，水天相接，大部分农田和房屋被淹没，特别是地处蒋家河对岸七社的冯家寨，整个村子被洪水包围。灾情就是命令，中午时分，刘理科立即带领村两委和党员、民兵应急分队，冒着生命危险，蹚着洪水，挨家挨户巡查灾情。

进入冯家寨，只见房屋全部被淹，洪水进屋的深度浅处齐人的大腿，深处达人的腰部，70余名村民被困在洪水中。撤离是保护村民生命安全的唯一办法，可撤离的唯一退路是一座宽约0.6米、长约10米的低矮小桥，且被洪水淹没，成了凶水桥。桥面上的水深达0.8米左右，水流湍急，一不小心就有被洪水吞噬的危险。怎么办？

刘理科和党员、干部齐心协力，准备好一根竹竿，用来探测水中的凶水桥，并由本队队长带路，受灾村民手牵着手，一步一步摸索着蹚过凶水桥。刘理科负责在对面接应，直至最后一名村民撤到安全地带，刘理科才终于舒了一口气。此时已近晚上8点，刘理科正准备回村委会开干部碰头会，险情再次发生。

原来邻村村民借酒壮胆，躲过巡查人员的巡视，独自强行涉水过河，不慎被凶猛的洪水卷入河中，幸好被河边一株大树挡住，他急忙抱着树丫，颤声呼救。见此情景，刘理科急中生智，立即和村民们找来一条长绳和一根竹竿，绳子的一端系在大树上，另一端绑在竹竿上，奔向溺水的村民，把竹竿递给他，让他把绳子绑在自己的腰部。

但见溺水村民在洪水中翻滚，几经沉浮，几乎被洪水吞噬，七八个壮汉一起拼命地拉绳子，好不容易把溺水村民拖到岸上。大家经过半个多小时的紧急救援，竭尽全力挽救了溺水村民的生命。

正在抢险时，刘理科的妻子打来电话。此时，刘理科衣裤早已湿透，手机套在塑料袋内，无暇接听。等抢险忙完后，他才打电话回家。原来，他与妻子经营了14年之久的婚庆公司，有价值40余万元的婚庆道具、仿古木器及灯光音响等电子设备，寄放在那维亚半岛小区负一楼，未能逃脱洪灾带来的厄运，全部被洪水淹没。妻子势单力薄，无法抢救，这才打电话向丈夫求援。然而，作为村支书的刘理科，在特大洪灾面前，毅然选择了抢救村民的生命财产，舍弃了自己的财产，而这一天，正是他们结婚14周年的纪念日。

抗击疫情的逆行人

2020年1月24日晚，农历己亥年除夕之夜，卡房村楼房鳞次栉比，炊烟缭绕，万家灯火，路上行人熙来攘往，都在忙着回家团年。然而疫情无情，新冠肺炎病毒悄然来袭，广汉市政府立即把疫情防控应急响应级别提升为一级响应。按照政府要求，要通知到每家每户，少出门，居家抗疫。刘理科接到通知后，立刻投入这场没有硝烟的战斗。

卡房村面积3000余亩，全村670余户2340余人，刘理科带着村两委一班人设卡巡逻，阻止聚集，坚守岗位，靠前指挥，深入防控疫情第一线。据排查，卡房村有16个外地、外省返乡人员。按要求，湖北返乡人员每户都要贴上"爱心牌"，居家隔离。起初，户主想不通，认为是受了歧视，坚决反对，并拦住大门，不许张贴。刘理科耐心地进行政策讲解，做通了他们的思想工作，贴上了"爱心牌"。

此外，刘理科不仅与村医疗站站长配合，对隔离人员进行体温检测，还随时关注隔离人员的需求，为他们代购生活必需品，直到其14天居家隔离期满。

刘理科一班人没有军警服、救援服、隔离衣，只有一只普通的口罩，只有一张村民熟悉的面孔；虽然没有做出惊天动地的事业，但从大年初二，就离开温暖的家，在亲人的牵挂中，义无反顾地踏上征程，他们一样也很伟大。他们是最基层的一线工作者，是抗击疫情的逆行人！

铁肩担道义，丹心铸军魂

如今的刘理科身兼数职：四川汉文化研究委员会副秘书长，传统婚礼、民俗文化传承人，共青团德阳市委青创计划青年创业导师。2020年，行政区划调整后，刘理科担任了新丰街道（今汉州街道）马牧社区副书记。

采访结束时，刘理科讲出了肺腑之言："我是一个退役军人，一个热爱并一直致力于研究推广传统礼仪的传播者，也是一名农村基层干部。3年的部队经历抒写了不悔的军旅人生，并续写着老兵新传的荣光；20年的奋斗经历铸就拼搏进取、不屈不挠、永不言败、乐观向上的创业精神；3年多的农村基层工作，走进农村，实现自己的人生价值。退役20年来我一直都在努力奔跑，只争朝夕，不负韶华。无论从事什么行业，干什么工作，都以一名退役军人的坚强毅力、热忱真挚，艰辛创业，听党指挥，做好每一件工作。岁月无论怎么变化,但自己为之努力奋斗的过程,亦会闪烁青春最美丽的光芒。"

工作中的刘理科(摄影:郭大贵)

退役20余载,军人本色犹存。刘理科不忘初心,牢记使命,千斤重担一肩挑。这正是:铁肩担道义,丹心铸军魂。咱当兵的人,就是不一样!

城市交通好卫士
——记优秀退役军人刘期林

苏 眉

"刘警官,感谢你们,真的太感谢你们了!这面锦旗你们一定要收下。要不是你们的帮助,我们的孩子可能就没命了……"抱着小孩的年轻妇女和手捧锦旗的年轻男子,一边说着感谢的话,一边擦着无法抑制的眼泪。

站在刘期林身边的队员们都有点儿蒙,不知道这夫妻俩的感激因何而来,所为何事。刘期林却清清楚楚地记起了几年前的那一天。

那天是6月8日,正是高三学子们在考场上挥汗如雨,为自己的命运拼力一搏的关键时刻。为了保障学子们"顺利参考,安心入考",刘期林和他的同事们不顾炎炎烈日,在各个考点及交通要道设卡管控,为学子们保驾护航。

下午6点左右,在确认所有参考学子已经顺利完成考试,并安全回到家中后,刘期林捶捶有些酸痛的腰。"紧张的高考终于完了,学生们放松了心情,我们绷紧的神经也可以松一松啦。"他一边说着,一边同一起执

城市交通好卫士——记优秀退役军人刘期林

勤的队员收拾用于设置路障的警用锥筒。

工作中的刘期林（摄影：刘春）

刚准备收队回家，手中的对讲机响了。刘期林接到指挥部紧急命令：从德阳方向过来一位危重病人，需要警车开道，护送到四川大学华西医院急救。德阳交警已经在路上，接力棒即将交到广汉交警的手上……刘期林刚刚放松的神经一下子又紧绷起来。他和同事们一起上了警车，鸣起警笛，赶到大件路的金雁桥头，从德阳交警手里接过了接力棒。

警车在前面鸣笛开道，载有危急病人的私家车在后面紧紧跟随。病人是个3岁多的小男孩，什邡人，因突然发病哭闹不止，被年轻的父母送到德阳医治。德阳的医生说孩子病情危急，必须立即送到四川大学华西医院

105

去。夫妻二人开车往成都赶，无奈高考期间，处处交通管制，他们急得没法子，便向交警求助。交警马上用警车开道，引他们出了德阳。

接力棒传到了刘期林手中，他立即联系指挥部，请求下一站的青白江警方接力。可一行人到达青白江时，却没有见到来接应的警车。可能同行们还在赶来的路上，可这是人命关天的大事，时间就是生命。一起执行任务的同事看着刘期林，焦急地问道："哥，咋办？等吗？"刘期林看看啜泣的母亲，听着孩子越来越微弱的哭声，下定了决心。他一挥手，说："上车，不等了！"

刘期林开着警车，继续在前面引路，同时向指挥部请求新都交警接力。到了新都，接应的警车还是没有按时到位。病情不能拖，时间不能等！刘期林没有做片刻停留，继续往前开。他没有再请求成都警方接力，此时的他恨不得把这辆老旧警车开到飞起来。

那时的导航还不像现在这么方便和普及，为了不走弯路，节约时间，一到成都地界，刘期林便拦下一辆出租车，说明情况，请出租车司机坐上警车，为他们带路。他还对出租车司机承诺："你放心，车费我照付。"在出租车司机的指引下，刘期林一行人以最快的速度到了四川大学华西医院。

孩子患的是急性阑尾炎穿孔，医生说再迟来一步，就回天乏术了……夫妻俩不停地感谢刘期林，是他当时的果断，救了他们儿子一命。刘期林摆摆手说："我只是做了一名警察应该做的而已。"

1970年出生的刘期林，现在已年满五十，依旧身姿挺拔，不减军人的风采。他1989年入伍,在武警甘肃总队某部服役。1992年退役后,在广汉市公安局工作至今,现任广汉市公安局交警大队三中队民警、三级警督。

刘期林军旅风采(由广汉市退役军人事务局提供)

从脱下军装到穿上警服,刘期林从警已经30年。在三中队,他算是元老级别的人物,大家都尊称他为"老党"。这不仅因为他的资历,也因为他时时处处牢记自己共产党员的身份,严格要求自己。

他每天早晨提前半小时到警队,稍作准备后,集合当天上班的队员,检查装备，整理警容，布置当日的工作。三中队的日常任务，就是负责广汉城区各街道、各路口的交通管理。队员们分散在城区的各个主要街道，负责保障道路通畅、交通安全。这期间，刘期林就四处巡视，检查队员们的见警率、管事率等。遇到队员们不能自行处理的事务，他便出面处理。

安排完中午的值班任务后，刘期林才回到警队狭小简陋的办公室，趴在办公桌上打个盹儿，或者在旁边小沙发上面放个小枕头躺一会儿，这就是他最舒服的休息方式。

下午1点半，他准时开始工作。如果没有特殊的交通情况，6点半就是他们的收队时间。回到警队，刘期林会把当天的工作情况做一个总结，并做好记录。整理完一天的事务，他回到家里已经是晚上7点之后了。

工作中的刘期林（摄影：刘春）

城市交通好卫士——记优秀退役军人刘期林

每天工作 12 个小时，已成为刘期林的生活常态。他 30 年如一日，与酷暑寒冬为伴，与风雨雾雪为友，与废气粉尘同行……

作为一名退役军人，刘期林将部队的优良传统带到了警队：他主动担任交警大队及公安局的训练教官，从站姿、行姿到交通手势等，都按部队要求严格训练。他还是交警大队的驻校交通安全辅导员，为广汉城区的各幼儿园、小学、中学等上了近百堂交通安全课。连辖区以外的一些学校，也常慕名请他前去讲课。他协助学校开设交通安全教育课程，帮助开展交通安全实习和演练。他教育孩子们，交通安全要从小事做起，从平常做起。平常在大街上执勤，总会有孩子跟他打招呼，并向自己的家长介绍："这是给我们上交通安全课的警察叔叔！"

没有考上大学，是刘期林最大的遗憾。女儿出生后，他就把全部的希望寄托在了女儿身上。受他影响，女儿从小便立志要像爸爸一样，要么当一名英勇的军人，要么做一名优秀的教师。2016 年，女儿大学毕业后，通过公招以综合成绩第一名的成绩，考进广汉一所有名的幼儿园，当了一名光荣的幼儿教师。这样一来，父女俩难免会站到同一讲台上，这是刘期林最为开心，也最引以为豪的一件事。

一天，女儿给他打来电话，请他去幼儿园指导学校的复课准备工作。刘期林说："叫你们学校里管这项工作的老师与我对接，你给我打电话，算什么？我可是不徇私情的啊！"虽是玩笑话，却也可以看出刘期林对工作的认真态度。

新冠肺炎疫情阻击战中，刘期林冲在前面，参加了党员先锋队，一直坚守在高铁站、客运站等人口密集的地方，对来川入汉的旅客进行登记，解决一些从中高风险地区来川人员的实际困难。

此后，学校的复课准备工作开始，刘期林作为驻校交通安全辅导员，从高中到初中、小学、幼儿园，开始了连轴转的忙碌……

"不求顶天立地，但求无愧我心！"正是抱着这样的信念，30年来，刘期林日复一日，在自己的平凡岗位上默默地坚守、付出。虽然没有惊天动地的壮举，但危难时刻总能看到他冲锋陷阵的身影：防汛，抢险，救灾，打击各类交通、治安违法行为，新冠肺炎疫情防控……他是城市的交通卫士，更是城市的守护神。他不争荣，不邀功，有一分光，就发一分热，用实际行动诠释着自己的初心和使命。

虎型山下舞彩虹
——记优秀退役军人汤严军

马 俊

在广汉连绵的丘陵地区,有一座声名远播的虎型山,它位于松林桃花核心景区。每到春季,漫山遍野的桃花、迎春花竞相绽放,姹紫嫣红,美不胜收。虎型山下有一家享誉川西的农家乐——虎型山庄。无论桃花盛开、柚花飘香的春季,还是硕果满枝的秋季,或是周末假日,这里总是游客如织,顾客盈门。人们在这里沐浴山野清风,观赏遍野繁花,品尝美味佳肴,尽享田园风光。退役军人汤严军便是虎型山庄的创始人、经营者。

一方水土养一方人

1975年9月,汤严军出生在松林镇红堰村的汤家燕窝。汤严军的父亲汤云泽先生是一位颇具传奇色彩的村干部,他秉公履职,刚直不阿,事必躬亲,建树颇丰,在当地干部群众中享有极高声誉。汤严军是在父亲的言传身教中茁壮成长起来的。

1994年，汤严军光荣入伍，成为一名海军战士。4年间，他在战舰上经受风雨的洗礼，在涉外互访中增长了见识，在训练工作中获了奖，这期间他加入了中国共产党。1998年底，汤严军怀着浓浓的乡愁、蓬勃的激情，退役回到家乡，在美丽的虎型山下开启了他别样的人生。

汤严军军旅风采（由广汉市退役军人事务局提供）

回到家乡后，汤严军成为松林派出所的一名辅警。他凭借对当地环境、人际关系、各类人员情况的熟悉，凭借敏锐的直觉、快捷的反应、扎实的功底、平实的作风，做好各种调解工作，配合执行任务，确保一方平安，甘当幕后英雄。

2012年，肩负松林镇党委、政府的信任和重托，汤严军兼任了太阳村党支部书记。太阳村地理位置特殊，基础条件极差，人员情况复杂，每年洪灾频发,工作难度不言而喻。然而,身为退役军人的汤严军没有退缩,已然融入血脉之中的那份果敢、坚毅给予了他强有力的支撑。他迎难而上,不畏艰辛,不等不靠,团结和依靠村社干部、群众,树立正气,改善民风,清理沟渠,修筑堤坝,硬化社道,终使太阳村旧貌换了新颜。

工作中的汤严军(摄影:郭大贵)

春风荡漾舞彩虹

2008年"5·12"汶川大地震发生后,灾后重建中,汤严军在虎型山下开始尝试开办花期农家乐。虽然仅是小试牛刀,但他由此看到了引领乡亲们因地制宜、勤劳致富的前景与希望。随着乡村旅游的健康发展,随着人们对山野田园生活的向往,虎型山庄农家乐应运而生,并逐步发展壮大。

汤严军动员家人，吸纳乡邻，改善设施，营造氛围，用朴素、热忱、周到、绿色、健康、诚实、守信的经营理念，赢得了远近游客的青睐。如今的虎型山庄环境优美，设施齐备，菜品丰富，味美价廉，服务周全。在这里，人们可以尽情观光，尽享美味，休闲娱乐，小憩住宿。虎型山庄自2017年升级后，游客明显增多，高峰期可达每天50～100桌。

"山庄的员工全是我的家人和乡亲。乡亲们在这里上班，一点不影响自家的生产生活，有的还在这里销售各种时令水果、土产，一举几得。"汤严军面露喜悦地告诉笔者。

生活中的汤严军（摄影：郭大贵）

易炳美，一位在虎型山庄上班4年多的大姐，谈起汤严军，她发出了由衷的赞叹："他这个人啊，非常随和友善，对客人热情，对我们员工也很好，对村上的村民就更不用说了，随便哪家有什么事，他都会热心帮忙……"

这位被大家称作"美姐"的大姐还告诉笔者：多年前，村上一位名叫汤云超的村民，家境贫寒，女儿幼小，本人又身患重病，无钱医治。眼看汤云超性命难保，家人万般无奈，只能含泪放弃的时候，汤严军第一个站出来，鼓励汤家人，并带头捐款，还发动大家对汤云超施以援手。最终，汤云超的性命保住了，汤云超的家庭也保住了。

"严军是一个有责任心、有孝心、有爱心的人，无论对家人，还是对乡亲，只要是他想做的事、答应了的事，他就肯定会想尽办法做到……"谈及自己的丈夫，尹小琳流露出无尽的幸福和甜蜜。

村党支部书记、资深辅警、农家乐老板，汤严军扮演的社会角色是多样的。在虎型山脚下，在春风艳阳里，他用坦诚、执着、勇毅、博爱，踏出了一条温情弥漫的山路，舞出了一道色彩斑斓的彩虹。

2020年4月24日下午，阳光明媚，春风轻抚。采访即将结束时，虎型山庄又迎来了一批来这里欢度周末的成都游客，汤严军和山庄的员工们即刻热情地为客人们安排住宿和晚餐，妻子尹小琳则还在忙着栽搭路旁一道长达60余米的蔷薇花墙，她的身边全是主动前来帮忙的男女村民。此情此景，不由得令笔者感慨良多……

2020年5月，广汉市村级建制调整及社区优化改革实施，原太阳村与东广村合并，汤严军接受组织安排，卸下了村党支部书记的担子。但是，作为一名共产党员，一名退役军人，汤严军没有忘记初心，没有卸下肩负的使命，他以资深辅警的身份，以更加饱满的热情，投入到扫黑除恶禁毒的战斗中，夜以继日地奔波在场镇、村社，为连山镇的经济社会健康稳定发展保驾护航。

军中绿花　职场绽放
——记优秀退役军人李静

向启东

女兵，被视为军营里的宝贝，被人们称为军中绿花。广汉便有这样一朵绿花，即使退了役，也依然光彩照人，芬芳绽放。她就是中国人寿广汉支公司的培训主管李静。

不爱红装爱武装，军中绿花初成长

1989年，生性好动、崇拜英雄的李静高中尚未毕业，便报名参军，圆了她儿时的参军梦。

军营生活远比她憧憬的艰苦，每天机械地重复着齐步走、正步走、站军姿……魔鬼般的新兵训练营结束后，李静被分到成都军区（后归入西部战区）某部，先后在外线班和机房工作。骑三轮车、爬电线杆、接电话线、处理电话障碍……勤奋好学的李静很快成长为班里的业务能手。军旅生涯转瞬即逝，却成为李静人生旅途中一段闪耀着青春之光的难忘经历。

李静军旅风采（由广汉市退役军人事务局提供）

脱下戎装入职场，一路磨炼苦与甜

1992年12月，李静退役。在广汉市化纤纺织总公司工作5年后，因公司改制，李静下岗了。待业在家的状态让已经养成良好的作息习惯和工作习惯的李静无法适应。恰逢保险行业刚刚兴起急需人才，李静很快到保险公司应聘，并做起了业务员的工作。

虽然20世纪90年代的广汉经济活跃，但作为新兴事物的保险，并不为社会广泛接受。作为一名普通的业务员，李静需要寻找客户，卖出保单才能有收入。刚开始，每天开完早会，李静总是兴致勃勃地去找自己的亲戚、同学，给他们宣传保险，可无一例外都被拒绝了。一段时间经历的挫

军中绿花　职场绽放——记优秀退役军人李静

折，让李静感到失落和迷茫，不知道该何去何从。是军人不服输的精神激励着她，绝不能向困难低头！

一天，李静给一位同学打电话宣传保险业务。这位同学正好在银行系统上班，就让李静过去给她的同事们做做宣传。李静来到同学工作的储蓄所，站在窗口前就开始宣传保险。她讲得口干舌燥，问的人有好几个，可没一个有购买保险的意向。正当她失望之际，一个一直很少说话的女员工突然问她："你讲的这款保险产品，给小孩买要多少钱？"李静急忙找出费率手册，仔细查阅后告知对方一年要交920元。那位女员工当即决定给她的小孩购买一份。李静激动得手都在发抖，拿出投保单，却不知道该怎么填。好在李静没有慌，马上打传呼叫来同事，协助她填好投保单。入职后的第一张保单就这么诞生了。

签了这张保单，李静信心大增，她和同事商量，决定每天开完早会后就出去做陌生拜访。陌生拜访，说起来容易做起来难，被猜疑、被蔑视、被拒绝，可以说是家常便饭。

有一次，她和同事去农村做陌生拜访。李静看见一户外观看上去家庭条件还不错的人家，便上前去敲门。许久才有人问："谁呀？"李静回答说："我们是保险公司的……"话音未落，门开了，一条狗突然蹿了出来。李静和同事惊得掉头就跑。仓皇中，穿着高跟鞋的李静把鞋跟都拧断了。直到一个好心的村民前来帮忙把狗撵走，二人才狼狈地瘫坐在田埂上。李静拿着断了跟的鞋子，眼泪在眼眶里直打转……

面对各行各业、形形色色的陌生人，李静也会紧张。一次跟同事一起去医院做陌生拜访，走到一个科室门口，一个人问她们是做什么的。本来她应该自我介绍说："你好，我是中国人寿保险公司的。"谁知一紧张竟说成："你好，我是中国人民解放军……"

又一次，李静跟同事去一个家属区做陌生拜访。进小区时，他们没看到有人值守。二人东张西望，商量着先从哪一栋开始宣传。忽然身后一声大吼："你们是干什么的？！"二人吓一跳，转过头，见一个老者满眼戒备地盯着他们，赶快说明是来宣传保险的。老人却说："什么保险，都是骗人的，快出去，快出去，谁知道是不是来偷东西的！"

被莫名冤枉，李静又气又急，开始和老人理论。身边的人越围越多，一副不让他们离开的架势……李静无奈，只好报警。若不是警察及时赶到帮他们解围，李静不知道自己还会受到什么样的委屈。当时那种无助的感觉让李静的内心又开始动摇：这份工作值得再做下去吗？

峰回路转曙光现，迎难而上开局面

正在迷茫的时候，一件事情彻底改变了李静对保险的看法，坚定了她要从事保险行业的决心。南丰镇的一个客户下班骑摩托车回家的路上，撞到路边的电线杆上当场身亡。客户生前买了意外保险，保额是13万元，这在10多年前可是一笔巨款。当时不像现在，可以通过银行转账，保险赔付都给受益人现金，于是保险公司组织人员亲自上门去给受益人做理赔。

男主人（客户）意外身亡，让一家人仿佛天塌下来一般痛不欲生。公司客户部经理和李静把装着13万元现金的大口袋交到女主人手里,女主人哭着对他们说谢谢。随后,李静和同事又载着女主人去银行存钱。

在交流中,李静得知,男主人是家里的顶梁柱,一家人的生活都靠他一个人在外面挣钱,女主人没有工作,在家里带孩子,照顾老人。幸好有了这13万元赔款,他们家里才暂时不会为生活发愁。是保险帮助他们家度过了最难的时间,给了他们继续生活的信心。这件事情带给李静很大的冲击,她这才真正意识到保险的作用和重要性。

2010年左右,大部分人的保险观念仍旧淡漠,很多家庭因为一场大病或意外而被掏空家底。作为保险人,如何负责任地将保险观念传播出去,保险公司也是想尽了办法。经过一番调研后,李静所在的中国人寿广汉支公司决定,在全市各乡镇开展保险村建设,具体做法是:在广汉各乡镇进行保险知识宣传,普及保险理念,建成1~2个保险村,提升保险的覆盖率。

为了做好宣传,李静每次都是先与村干部沟通,取得他们的认同后,她再和同事于下班后带着电脑、投影、幕布、音响,到提前联系好的村,采用保险知识讲座、有奖问答、放电影的方式宣传保险。她每天忙完这些事情回到家里,基本都是晚上10点以后了。这样的宣传持续了半年,李静和她的团队几乎跑遍了广汉所有的乡村,虽然又苦又累,但功夫不负有心人,大家渐渐对保险有了认同。

工作中的李静(摄影:桂华)

梅花香自苦寒来,业界英才磨砺出

　　由于业务出色,公司决定把李静的工作重心转移到会议主持和培训上,这对李静来说又是一次挑战和蜕变。第一次上讲台时,她嘴巴发颤,腿发抖,自己都不知道是怎么从讲台上走下来的。这份工作是公司的安排,也是她乐意做的。为了让自己更能胜任这份工作,李静开始每天看中央电视台的《新闻联播》,同时还找报纸来朗读,训练自己的普通话。此时,公司又安排她外出参加培训,提升授课和主持技能。

　　回到公司,再次站到讲台上,她终于克服了紧张,顺利完成了一场又一场主持和培训。从此,李静开始了她的培训生涯。讲台上,她已经可以从容面对无数的眼光侃侃而谈，她让保险从业者认识到保险的巨大社会作用，坚定了他们的从业信心，而她也在竞争激烈的保险行业找到了属于自己的独特位置。

上过李静培训课的保险从业者不计其数，无不被她的军中绿花气质吸引，被她的专业素养折服，被她的真情讲述打动。

近年来，中国人寿广汉支公司从李静入职时的不足百人已发展到近千人，公司业绩多年在德阳各支公司中牢牢地位居榜首，在四川全省也名列前茅。这份荣誉里，李静功不可没。她被领导和同事们亲切地称为"教导团团长"。因为李静的突出贡献，她连续多年被中国人寿四川省分公司评为优秀讲师，被德阳分公司评为优秀共产党员。

从业 20 多年，李静对保险由陌生到熟悉，由喜爱到执着。她见证了太多因为保险带来的悲欢离合，也看到很多因为没有购买保险在面临人生风险时候的手足无措。保险，让很多家庭在遭遇变故和困难的时候有了重新站起来的机会。她深深地认识到这份工作的价值和责任，保险对于社会的和谐与稳定多么重要。

回望从当兵到如今的经历，尤其在保险公司工作的历程，虽然曾经无数次想要放弃，但李静最终坚持了下来。这是因为，内心的坚韧支撑着她，而这种坚韧品质正是那几年的军营生活带给她的。军营生活时间很短，对她的影响却是长久的，甚至是终身的。

工作中的李静(摄影:桂华)

李静常说,她很庆幸她的人生因为有了军中那一抹绿,生命中才有了永远的亮色。

从"橄榄绿"到"藏青蓝",尽显英雄本色
——记优秀退役军人、刑侦尖兵李杰

胡 吉

从"橄榄绿"到"藏青蓝"

1991年,李杰,一个风华正茂的热血青年,响应国家号召,义无反顾地投身火热的军营,成为兰州军区(后归入西部战区)某部中的一员,并光荣地加入中国共产党。军队的大熔炉铸就了他忠诚的品格。

李杰军旅风采(由广汉市退役军人事务局提供)

1994年，怀揣着警察梦的他退役回乡，加入广汉公安队伍，成为一名刑警。新岗位新起点，他始终保持优良的政治本色，努力钻研业务技能，严于律己，履职尽责，先后参与侦办了一批大案要案。

由于工作能力突出，李杰多次获得嘉奖：2009年被德阳市公安局评为"三基"工程建设先进个人，2015年被德阳市公安局评为优秀党务工作者，2014年、2015年、2016年连续3年被评为优秀公务员，2019年被德阳市公安局授予"公安机关70周年大庆安保维稳工作成绩突出集体和个人"个人三等功……

岁月的流逝，记录了李杰一串串坚实的足迹，从"橄榄绿"到"藏青蓝"，从退役军人到刑警，李杰已逐渐成长为公安系统刑侦战线的优秀干警。

为民铸造平安堡垒，彰显英雄本色

寒冬的清晨6点，天还未亮，战训基地内，阵阵铿锵有力的操练声打破了清晨的宁静。队列练习、军体拳、晨跑……一系列操练完成后，李杰脱下作训服，换上制服，简单地吃过早饭，整理完内务，便开始了一天的工作。

早起和操练是常态，晚归更是家常便饭，倘若有出警任务，连电话都顾不上给家里打一个，有时候证据比对分析甚至要通宵。犯罪行为最易在夜幕的掩盖下进行，那些肮脏见不得光，但犯罪分子忽略了，夜幕中也有一双双像猫头鹰一样的眼睛，正紧紧地盯着他们。

从"橄榄绿"到"藏青蓝",尽显英雄本色——记优秀退役军人、刑侦尖兵李杰

工作中的李杰(摄影:刘春)

时间的指针定格于 2014 年 7 月 7 日凌晨 2 时 28 分,广汉市东西大街西一段一出租房内发生了一起入室抢劫、强奸案。作案人蒙面、持刀入室抢劫,捆绑受害人并实施强奸,社会影响极其恶劣。

警情就是命令!接警后,广汉市公安局迅速成立专案组连夜展开调查。刑警大队闻警而动,李杰带领 3 名侦技民警作为公安战线的排头兵,第一时间赶赴现场展开工作。

受害人由于惊魂未定,能够提供的线索极少。技术室团队反复研究案件特点,细致刻画作案人特征,确定作案人系中年男性,体形偏瘦,本地口音。经过李杰与同事们严谨细致的勘验工作,他们发现案发现场门窗完好,无破坏痕迹,由此判断应为溜门入室作案。

在案发现场，李杰与几位同事还通过多波段光源技术，在受害人床单上发现并成功提取到作案人的生物检材，由此固定了此案最为重要的证据。

7月7日下午，银行监控组获取到重要信息：案发当日，被抢银行卡上被分两次跨行取走现金3000元，专案组及时获取了取款人的头像截图，在技术比对下，当即锁定作案人系劳释人员彭某。

由于作案人彭某行踪不定，亲友均不知其去向，抓捕工作异常艰难。李杰与专案民警克服高温酷暑，在作案人可能的落脚点蹲守，对其可能出没的饭馆、网吧、足浴中心进行秘密排查。他们两天没合眼，渴了喝口矿泉水，饿了在车上啃几片面包。

艰辛付出终获回报，7月9日11时，专案民警在广汉市湘潭新区发现彭某踪迹，并一举将其擒获。经审讯，彭某对其犯罪事实供认不讳，并在随后的判决中得到了应有的惩罚。

2019年4月25日凌晨，中国民用航空飞行学院家属区一夜之间发生4起入室盗窃案，被盗手机、黄金首饰、现金等价值3万余元的财物，社会影响恶劣，引发学校师生和广大市民的紧张焦虑。

兵贵神速！刑警大队迅速抽调重案、情报、技术精干警力开展专案侦破。按照部署，副大队长李杰带领技术民警赶赴现场开展勘查。该案被盗住户多，勘查任务量大，经过长时间连续工作，虽不是炎热天气，民警们早已汗流浃背。

由于作案人系戴手套作案，反侦查能力强，案发现场未留下有价值的

从"橄榄绿"到"藏青蓝",尽显英雄本色——记优秀退役军人、刑侦尖兵李杰

痕迹。但技术民警并未气馁,通过反复研究多个现场中作案人进出路线及作案方式特点,调整勘查思路,又经过两个多小时的努力,终于在其中一个现场窗户外沿发现一处极易被忽略的痕迹,用试纸提取到作案人的汗液DNA;同时在被盗电脑遗留下的数据线接头上提取到指纹,确定为作案人遗留后,立即进行固定、提取,及时将物证送检。

专案组随后汇总调查情况,判定应为两名犯罪嫌疑人共同作案。通过布控,专案组侦查到嫌疑人在连山镇的临时落脚点,但前往抓捕时其已逃离广汉,不知去向。

利剑出鞘!案件陷入僵局之时,李杰带领的技术室传来令人振奋的消息:通过现场提取到的痕迹物证,成功比对出有盗窃前科人员土某和数据库中的尔某有重大嫌疑,案件侦查工作有了重大进展。

6月的凉山,时值雨季,山高路滑,广汉刑警们不畏艰辛,主动出击,在当地警方协助下,于25日下午在昭觉县一茶楼将尔某抓获并押回广汉。李杰与技术室的同事及时提取尔某血样送检,再次比中成都、绵阳等地多起入室盗窃案件。

7月5日,专案组掌握到土某行踪,派遣民警再赴昭觉,经过连续两天蹲守,于7月7日将土某抓获,追回被盗手机及金银首饰等财物。

经查,2019年1月以来,嫌疑人尔某、土某结伙作案,先后流窜至中国民用航空飞行学院家属区(广汉)、成都彭州及绵阳江油等地实施入室盗窃犯罪,作案十余起。至此,"4·25"系列入室盗窃案案犯全部到案。该案的成功告破,赢得了广汉市民和中国民用航空飞行学院全体师生的高

度称赞！

从警20多年，李杰和同事们以职业的使命感和敏锐性，对多起复杂案件循线追查，先后破获"10·16"蒙面持刀入室抢劫案、"5·28"故意伤害致死案、"6·26"吴某被杀案等一批大案要案。在侦破部督"3·5"系列跨省入室盗窃案中，他带领专案组成员攻坚克难，运用刑事技术比对、跨区域协作等多路侦查手段不断拓线扩案，破案21起……这是一串串平凡又普通的数字，但在每一个数字的背后都是一份艰辛，每一份奉献都记录着他为捍卫正义付出的勇气与热血，它们汇集在一起，就是一段精彩的英雄人生！

发挥先锋模范作用，攻坚克难扬威名

2010年，在组织的关心和个人的不懈努力下，李杰担起了副大队长的重担，开始分管刑侦技术工作。

十年路漫漫，把李杰锤炼为一名刑侦尖兵。他带领技术民警团结拼搏、锐意进取，牢固树立"科技强侦"的理念，切实做到让证据"说话"，仅通过现场提取到的嫌疑指纹这一项，就连续比中广汉市历年刑事案件7起。他立足破案本职，坚持将追赃挽损作为案侦工作的重要环节来抓，不断加大追赃力度，提高赃物查获率。仅2018年、2019年两年时间，他和团队通过技术手段，就追回价值1000余万元的赃款赃物，以实际行动回应了群众的新期待、新要求。

十年路漫漫，把李杰锤炼为一名刑侦专家。在技术室等级达标创建筹

从"橄榄绿"到"藏青蓝",尽显英雄本色——记优秀退役军人、刑侦尖兵李杰

备工作中,在他和技术室全体同人的不懈努力下,广汉刑事技术直接破案能力得到凸显。2016年2月,广汉技术室被公安部正式评定为"全国示范刑事科学技术室"。这是全省仅有的5个"全国示范刑事科学技术室"之一,也是自2003年公安部开展刑事科学技术室等级评定工作以来,德阳市唯一一个获此荣誉的单位。同年6月,广汉技术室顺利通过四川省专家组检验检测机构资质认定,2018年2月,被公安部刑侦局通报表扬。

工作中的李杰(摄影:刘春)

总有一种责任冲锋在前,总有一种使命义无反顾。从部队到警队,李杰始终保持着顽强拼搏、永不言弃的军人品质,出色地完成了党和人民赋予他的光荣任务,为社会安稳做出了积极贡献,他用忠诚的汗水践行着全心全意为人民服务的永恒誓言。

小溪终汇大海 勇者一往无前
——记优秀退役军人杨海勇

马　俊

1982年初春，广汉市松林镇连绵的山丘在徐来的春风里苏醒，本文的主人公杨海勇便出生在镇上界牌村的一户人家。母亲是远近闻名的乡村医生，有着5年军旅生涯的父亲时任村党支部书记。良好的成长环境、父母的教导决定了杨海勇的命运走向。

扬帆起航

1997年的秋天，品学兼优的杨海勇走出中学校门，踏入卫校大门，由此踏上了医者仁心的漫漫征途。在父母亲的引导下，他的人生目标日渐清晰。2002年7月，杨海勇成了一名年轻的共产党员。2002年12月，他光荣入伍，成为解放军边防部队的一员。从卫生队到连队，两年的学习、实践、磨砺让杨海勇茁壮成长，优秀共产党员、优秀士兵等荣誉更让他的人生阳光闪耀。

小溪终汇大海　勇者一往无前——记优秀退役军人杨海勇

2004年12月，杨海勇退役回到家乡。他一边在村卫生站与母亲一道为乡亲们解除病痛，一边继续学习医卫专业知识，通过自学考试，相继取得了执业助理医师证、执业医师证。自参加工作以来，杨海勇一直在乡镇卫生院从事一线临床工作，在丰富的实践中积累经验，在不断进修学习中丰富理论提升医术，在看似平凡的日子里逐步向一名拥有扎实的医疗技术、高尚医德，提供优质服务的好医生的目标迈进。从松林、三水、连山到高坪，杨海勇一步一个脚印，逐渐成长为一名年轻的外科主治医师，担起了高坪镇中心卫生院党支部副书记的重任。

杨海勇一直没有忘记父亲的谆谆教诲，始终以一名共产党员和一名军人的标准要求自己，坚持严于律己、宽以待人，对工作尽职尽责，对同事宽严并济，赢得了同事、同行、患者的广泛认可和赞誉。

工作中的杨海勇（摄影：胡佑旭）

医者仁心

做一名好医生是杨海勇此生追求的目标。军人忠诚于党、热爱人民、报效祖国、崇尚荣誉的使命他不曾忘记，医生全心全意为患者服务的天职他铭记于心，无论在任何环境下，他首先想到的总是患者。

2008年"5·12"汶川大地震发生后，杨海勇被紧急抽调到广汉市职业中专学校临时救护点。看到从什邡、绵竹转运来的一批批伤者，杨海勇又急又难受，这么多同胞失去了家园、亲人，那种痛远远重于身体上的疼痛。他即刻和同事们一起投入了战斗。

一名从什邡来的伤员送来时尚能自行活动，谁知一小时左右后，突然出现呼吸困难、胸痛、不能平卧等症状。杨海勇经过仔细检查，判断其出现了"气胸"。他立即进行诊断性穿刺，确定是"气胸"后，凭着在上级医院进修时学到的扎实技术，给伤员施行了胸腔闭式引流术。手术非常成功，伤员的症状得到了明显的改善。伤员家属非常激动，语无伦次地表示着感谢，杨海勇只平静地回答道："你们受苦了，这是我们应该做的。"

伤员们在得到初步治疗后，重伤员转诊，轻伤员留观。杨海勇和同事们不但要给予伤员们身体上的治疗，还要给予他们心理上的治疗。休息间隙他就和同事们跟伤员沟通，陪他们聊天，缓解他们因地震灾害导致的心理压力。夜深了，杨海勇和同事们还需不定时地巡诊，查看伤员们有什么新情况发生，有什么特殊的需要。

就这样，杨海勇和同事们在临时救护点连续奋战了三天两夜没有休

小溪终汇大海　勇者一往无前——记优秀退役军人杨海勇

息。虽然身心疲惫，但杨海勇明白，这样的辛苦劳累非常值得，他是一名退役军人，一名医生，一名共产党员。

在日常工作和生活中，杨海勇始终保持着军人无私奉献的精神，践行着一名医生的职责，发挥着一名共产党员的先锋模范带头作用。无论在家休息或下班回家途中，一旦出现突发情况，他总是挺身而出。

有一次，杨海勇正在家里吃饭，忽然听见村民急呼发生了车祸。他立即放下碗筷，向车祸现场跑去。到达现场后，只见一名伤者满脸是血地坐在地上。杨海勇先对伤者进行了简单询问，让其坐着不要乱动；然后查看现场那辆底朝天的机动三轮车，发现车架下还压着一个人。他立即召唤大家把车抬起来，把车下的伤者拉出来。

经检查后，杨海勇发现从车下救出的伤者已经停止了呼吸、心跳，但他没有放弃，立即对其进行了开放气道和心肺复苏。经过半个多小时的心肺复苏，伤者仍然没有生命体征。很多人都劝他"不要按了，人已经死了"，但他仍然不愿放弃。直到急救车到来，他才停止了抢救，并和急救医生一起将先前坐在地上的伤者抬上了救护车后才悄然离开。这时他才发现自己的衣裤满是血迹，膝盖因长时间跪地抢救伤者已经磨破了皮……

多年的基层医疗工作让杨海勇深刻体会到，服务好才是医疗卫生工作作风最具体、最真实的体现。从医以来，杨海勇坚持做到一切从患者出发，急患者之所急，忧患者之所忧，想患者之所想，始终坚持医者父母心的原则，对待患者不分家庭境况优劣、社会地位高低，始终把患者的生命安全放在第一位，对每一位病人都认认真真地检查，详详细细地解说，视他们

工作中的杨海勇（摄影：胡佑旭）

为亲人，实实在在地解决他们的痛苦。

曾有一位70多岁的患者，因肠道功能差，饮水又少，已经一周时间未排大便，苦不堪言地前来治疗。杨海勇对其进行直肠指检后，发现患者大便非常干燥，已经堆积在了直肠内，就决定先对其进行灌肠，但液体根本流不进去。杨海勇二话不说，戴上手套亲自用手为患者"掏"大便。当他掏出部分硬臭无比的大便时，患者的子女都捂着鼻子跑出了治疗室，但是杨海勇没有嫌弃，没有停止，直到解除了患者的痛苦为止。

事后，患者及家属对他深表感谢时问他："杨医生，你就不怕臭啊？"他坦然作答："不是我不怕臭，因为我是医生，这是一名医生应该做的。"

小溪终汇大海　勇者一往无前——记优秀退役军人杨海勇

勇往直前

小溪汇入江河，江河奔向大海。医者须有爱心，大爱方能无疆。2020年的初春，一场史无前例的新冠肺炎疫情突如其来，将亿万同胞置于生与死的严峻考验中。

疫情就是命令，防控就是责任。身为广汉市高坪镇中心卫生院党支部副书记的杨海勇，尚未品到新春佳节阖家团圆的欢愉，即刻进入了临战状态。从设立发热门诊、医疗救治、院内会诊、病人转运、卡点值守，到广汉新冠肺炎救治后备医院筹建，近两个月的时间里，杨海勇奔波往返，尽管心力交瘁，但他深知，特殊时期，特定环境，身为退役军人、医务工作者，必须勇于担当，冲锋在前，扑下身子，亲力亲为……

谈及儿子杨海勇，现年已70岁的老支书仍旧语重心长："他还年轻，今后的路还长。希望他不要忘记曾经是一名军人，现在是一名医生，是一名党员；更不要忘记我给他取的名字，要面朝大海，勇往直前！"

骨子里的军魂
——记优秀退役军人吴进

秦世忠

刚过而立之年的吴进中等个头，结实的身材，古铜色的脸上总是带着微笑，一双大眼睛泛着智慧的光，给人留下坚毅沉着、游刃有余的印象。

家庭影响，从戎报国

1990年2月，吴进出生在广汉市西外乡楠林村一个普通农家。父母虽为农民，却知书识礼，颇受人尊敬。受父母熏陶，幼年的吴进也嗜书如命，只因家贫，条件有限，常常借书夜读，计日而还。从书中他懂得了不少家国之道：天下之本在国，国之本在家。家是最小国，国是千万家。没有国，哪有家？于是，报效国家的远大志向深深地种在了幼年吴进的骨子里。

2007年12月，经过体检、政审，吴进应征入伍，在成都军区某部当了一名工程兵，执行着与扫雷英雄杜富国同样的扫雷排爆任务。

骨子里的军魂——记优秀退役军人吴进

得知儿子执行的是一项随时都有生命危险的任务时，母亲写信鼓励他："儿子啊，你一要有信心，二要能吃苦，三要不怕困难，就没有干不成的事！"吴进牢记母亲的话，与战友们一起发扬一不怕苦、二不怕死的精神，圆满地完成了各项任务，并在2009年被评为优秀士兵。

吴进军旅风采（由广汉市退役军人事务局提供）

两年的摸爬打滚，让吴进与战友们结下了深厚的友谊。退役那天，战士们的泪花止不住地往下流，他们拥抱在一起，久久不愿松开……

军人本色,报效故里

2009 年,吴进退役回到故乡,在西外乡派出所任协警。2012 年,由于在工作上积极奋进,吃苦耐劳,他光荣地加入了中国共产党,并被招聘为楠林村工作人员,先后任民兵连长、治保主任、村委会主任等职务。

2017 年,通过民主选举,吴进被选为楠林村党支部书记。任职期间,他起早贪黑,刻苦学习,将智能化、大数据引进楠林村,为村民办了六大实事。

工作中的吴进(摄影:刘厚斌)

其一,首创楠林村"为村"平台,为村民查询社保、医院挂号、诊疗报告、车辆违章等,提供了便利。村民足不出户,便知天下事,大家打心眼儿里高兴。2017年，楠林村"为村"平台名列全国"为村"平台第一名。

其二，狠抓村道建设。吴进带领村两委一班人奋战一年，改造了全村的所有村道，将道路修到每户的家门口，主要村道还修成了柏油路。

其三，借鉴知名企业经验，大力种植花木，搞观光农业、特色农家乐，发展乡村旅游。村内的榕树花园、雨涵农庄不断发展壮大，远近闻名。

其四，搞土地流转，招商引资，让种粮大户规模化、机械化生产，让有知识、有魄力的新型农民推进农村现代化的发展，改变了农民面朝黄土背朝天的落后局面。

其五，在全村进行"厕所革命"，修排污管道，为新农村环境的提升打下坚实的基础。

其六，搞新农村建设，动员5个生产队的村民集中在一处，统一修建了能容纳近2000人的村民小区。

如今，楠林村已全村脱贫，奔向小康。

以心相交，取信于民

古人云："唯以心相交，方能成其久远。"吴进在与村民的交往中，自始至终都以心相交，真情以待。

2017年，村里进行了招商引资，土地流转。有一位投资大户愿意到楠林村成规模地种植花木，同时搞旅游、餐饮业。可有两户村民坚决不同意将自己的承包地进行流转，而他们的承包地正好在被流转地块的中央。

村干部三番五次上门做工作，他们就是不松口，说当了一辈子的农民，土地是他们的命，宁愿自己单干，也不能丢了土地。年轻的吴进很是理解他们对土地的这份执着。针对这一情况，他多方协调，在别处重新给他们分配了最好的土地，并给予一定的补偿。两户村民高兴地说："还是吴书记好，理解我们。"

2018年，村里进行污水管网建设，需要铺设排污管道，而这些管道要从几户村民的田间通过。青苗费已赔，施工方的挖掘机、装载机已到位，正准备施工时，几十名村民却拦住了去路，坚决不同意施工。

吴进及时赶到现场，做起了解释工作。村民们说，回填的土地遇水会下沉，会影响大家的庄稼收成。吴进向村民保证回填后不会下沉，假如下沉了，一定立刻再重新回填。村民又提及，要将原有的小管道改成大管道。吴进一一答应，立刻通知施工方运来村民要求的大管道……事后，村民们满意地说："吴书记讲信用，说到做到，是我们的好书记。"

抗洪救灾，冲锋在前

2018年7月7日，一场突如其来的洪水袭击了楠林村，吴进自己的家也受了灾。为确保村民的生命财产安全，吴进不顾自家得失、个人安危，日夜奋战在抗洪救灾的第一线。

因洪水来势凶猛，十社河坝地被淹没，部分群众被困洪水中。灾情就是命令，群众就是父母。吴进二话不说，带领应急小组成员，跳入洪水中，奋力游至被困群众身边，将他们全部带到安全地带，使他们的人身安全得到了保障。

骨子里的军魂——记优秀退役军人吴进

脱贫攻坚，一个都不能少

楠林村建档立卡的贫困户共有35户，吴进根据贫困户的家庭情况，有的安排到工厂上班，有的安排到农家乐当服务员，有的安排到村里当保洁员……楠林村的贫困户迄今已全部实现脱贫。

工作中的吴进（摄影：刘厚斌）

十二社有个尹姓贫困户，家里有两个精神病人，房是危房，没有自来水，一直抽水吃。吴进走访了3次，通过政府协调自来水公司，让他家吃上了安全卫生的自来水。

六社的赖某因车祸致残，成了贫困户。吴进多方协调，找到榕树花园的吴老板，捐资7万余元，为他家建了新房，又捐赠水泥、石料等，将房屋进行了装修。赖某的女儿正上高三，聪明上进。吴老板又慷慨资助，承担了女孩的全部学杂费和生活费，直到她大学毕业，找到工作为止。赖某一家也因为女儿不负众望，考上大学并找到满意的工作而一举脱贫。

抗击疫情，甘当逆行之人

2020年1月24日晚，己亥年除夕之夜，新冠肺炎疫情突然来袭。广汉市政府响应国家号召，将疫情防控应急响应级别提升为一级响应，要求家家户户少出门，居家抗疫。

吴进接到通知，就像军人接到上战场的命令，立刻投入了战斗。楠林村面积4000余亩，1100余户人口3500余人。吴进不辞辛劳，挨家挨户地通知，苦口婆心地劝说，讲得口干舌燥，真正做到了每家每户通知到位，一户也没有遗漏。当通知完最后一家，已是晚上10点多钟。除夕晚上，人们都在阖家团年，吴进却不能与家人吃个团年饭，做了抗击疫情的逆行之人。

更加艰苦的工作还在后面。据排查，楠林村有7个湖北返乡人员。按市政府要求，湖北返乡人员每户都要钉上"爱心牌"，牌上注明"本户有湖北返乡人员"。开始，户主想不通，认为受到了歧视和侮辱，坚决反对，并拦住大门，不许钉。吴进对他们动之以情，晓之以理，终于做通他们的思想工作，顺利钉上了"爱心牌"。

牌子钉上了，后续工作也来了：村里每天都要给钉上"爱心牌"的几户村民家送菜、送粮、送药、代办事情等，为他们当服务员，一直到他们

14 天居家隔离期满。随后，吴进又和老支书一道，慰问了全村参与抗击疫情的一线工作人员。

在吴进和全体村民的共同努力下，楠林村先后被四川省委、四川省政府评为文明村镇、环境优美示范村、省级"四好村"；被德阳市委、德阳市政府评为文明村、环境优美示范村、德阳十大美丽新村；被广汉市委、广汉市政府评为先进基层党组织、创先争优先进基层党组织、广汉模范特色村、农村改革试点先进村、农村环境治理先进村、乡村振兴先进集体，获得统筹城乡发展示范引领奖。2020 年 11 月，被中央文明委评为全国文明村。

走在楠林村的路上，你会发现：干净、整洁的村道两旁，一排排参天的楠木树，枝繁叶茂，洒下一片阴凉。楠木成林，犹如威武战士，守护着他的故乡。

一生平凡,"义"可不凡
——记优秀退役军人张义

邱 林

青葱岁月：奔赴军营，筑梦年华

生于1977年的张义是一名地道的广汉人，对这片祖祖辈辈生活的土地有着别样的深情。

1995年秋天，广汉六中的操场上，张义站在黑板报下，看着上面写着"人的一世不当兵是一种永远的缺憾""在最艰苦的地方为祖国尽义务最有意义"的口号，暗下决心。当年，张义参军入伍，服役于解放军某部。

新兵连3个月的磨砺让张义至今难忘，受益匪浅。稍息、立正、原地间转法、齐步正步反复进行，遇上连长心情"大好"，再来个5公里越野、百米冲刺、蛙跳……新兵连的生活让张义完成了从学生到军人的蜕变，也让他收获了一群同甘共苦的战友。

下到连队后，张义凭着直爽的农家娃性子很快和大家打成一片，脚踏

一生平凡，"义"可不凡——记优秀退役军人张义

实地的作风也让他备受大家肯定，他先后担任了营部书记、通信班长。部队的磨炼不仅塑造了张义的军人品格，锻造了他的坚毅精神，更使他成了一名光荣的共产党员。

张义军旅风采（由广汉市退役军人事务局提供）

3 年的部队生涯，一段热血的青春记忆，在张义身上留下的军人烙印，永远火热滚烫。

而立之年：行稳致远，砥砺前行

退役后，张义到广汉市工商行政管理局（今广汉市市场监督管理局）工作，一干就是 22 年。曾经在军队他用青春和热血铸就了祖国的钢铁长

城,此后他将用奉献与担当守护头顶的国徽和肩上的红盾。这是他作为一名工商人永远坚守的信念,也是支撑他22年如一日在市场监管战线上奋斗的初心。

"5·12"汶川大地震发生时,张义正担任雒城镇(今雒城街道)工商所副所长,负责辖区420家企业年检的审查和服务工作。按照法律规定,企业年检时间在6月30日截止,可由于地震影响,年检工作推进十分艰难,基本没有可能在规定时间完成任务。

当过兵的张义确实有股狠劲儿,他以作战的态度,全身心扑在年检审查上,在工商所的老办公楼里,没日没夜地加班苦干。余震不断,门窗晃荡作响,开始张义还跑到院子里躲躲,后面次数多了就懒得去管它,拿着成堆的材料翻阅不停。这样舍生忘死的精神,感染了其他同事,大家安心坚守岗位,协力完成任务。

那段时间,部分企业停工停产,年检审查的资料根本无法交齐,有的企业连负责人都联系不上。眼看离截止时间越来越近,张义没有消极等待,而是拿出企业通信录,按着上面的记录一通一通打电话。

可他又遇到了新情况:有的企业联系电话已经失效,有的得转手五六次才能找到负责人,还有的受余震影响,只能提供办公室门牌号……张义只能带着大家"翻箱倒柜"地搜集、核对,一份份资料就这样慢慢凑齐,年检工作也在不停的余震中圆满结束。那次,雒城镇工商所的年检质量和年检率在全局9个工商所中均位列第一。

市场监管的工作复杂且烦琐,张义直言,在日常执法办案中,会遇到许许多多的阻碍、利益诱惑甚至电话威胁，但只要职责所在，只要对得起党和人民，他就从没怕过谁。凭借工作上的出色表现，张义多次受到上级的表彰，先后荣获广汉市优秀劳动者、四川省工商局全省工商系统先进个人等荣誉，被德阳市工商局授予三等功一次。这一系列的嘉奖就像一枚枚军功章，闪耀在他奋进的人生道路上。

不惑将至：勇担使命，再上征程

那是2018年7月的一个下午，张义来到金阳县已经快半年了。自挂任老寨子乡（今德溪镇）党委副书记以来，他就一直奔忙在老寨子乡的脱贫道路上。

工作中的张义（摄影：卢尔呷）

此时正在金阳县委开会的张义接到乡上的电话，说县委巡视组已经到了，让他带齐生活物资赶快回乡。难得来一次县城的张义也来不及休整，一散会就到街上采购物资。

乡里条件艰苦，物资紧缺，一箱箱矿泉水、方便面、鸡蛋、调味料等，把后备厢塞得满满当当，这些简单甚至有点儿简陋的物资，对于没有一条正规街道的老寨子乡，确实是最紧缺、最难得的美味。

老寨子乡党委书记的老越野成了大家的公车，作为连接村里和县城唯一的交通工具，载着大家在脱贫的泥路上辗转来回。张义这次开的就是这辆车。连日暴雨把乡里仅有的一条土路冲垮了，现在必须多花3个多小时，走那条只能容纳一个车身的盘山小路。灰蒙蒙的天空飘洒着零星细雨，才下午6点钟就已经有点儿暗了。时间不停地催促着张义，他得尽快出发了，毕竟在雨夜山间泥路上驾车，这是任何司机都感到恐惧的事情。

暮色下的山间小路，在暴雨的洗礼下，已经满目疮痍，轰鸣的越野车在上面艰难滑行。晚上8点多，天色已经完全暗下来。在这方圆数十里不见人烟的山林，车身在云雾中行走，能见度不到20米，除了老越野的嘶吼与自己急促的呼吸，就只有身边的风雨。黑暗不断地涌动，仿佛要把张义吞没。

这时电话响了，断断续续的杂音中，他听出了书记熟悉的凉山口音，让他不要着急，一切以安全为主。在这段有限的通话中，大家所传递的担心与关切，没能让他平静，反而使他更迫切地想远离这无边的黑暗，回到大家身边。

一生平凡,"义"可不凡——记优秀退役军人张义

前方的道路愈加狭窄险峻,山里的夜晚十分清冷,张义的额头却满布汗珠,衬衣早已湿透,他告诉自己必须冷静下来,不然随时可能有丧命的危险。他不去看那峭壁上松动的巨石,不去看崖下奔涌的洪水,而是握拳狠狠捶了下发抖的双腿,把音乐的声音放到了最大,不断给自己加油鼓劲。

车身轧过一个又一个泥坑,不停地晃动,轮胎卷起的石子打在底盘上叮当作响,道路湿滑得让他难以控制方向。张义在裤腿上搓了搓手心的汗水,双手死死握住方向盘,努力将车身贴近峭壁,在岩石上擦剐蠕行。因为他才刚到金阳不到半年,这条绵长的山路也仅仅走过一次,完全没有更多的印象,只能在黑暗中摸索。这时右后轮开始打滑,加上坡上的泥水,车身逐渐向悬崖滑去,张义急得满头大汗,难道这里就是他生命的终点了吗?

他擦过眼角的汗珠,看着后视镜里满满的物资,想着远方的战友、家中的亲人,然后用力将油门踩到底。顿时老越野的怒吼声响透了整个山谷,轮胎磨损的焦煳味在山林中特别刺鼻。终于,越野车碾压着右边的石板冲上了坡道,右前门从路边的树桩挤过,留下了一片划痕。

从夜空看下,一道孤独而闪亮的灯光在深山密林间闪烁前行。车灯穿过树林照射在路口,乡政府广场上的路灯已经远远可见。再近些,亮红的烟头与嘈杂的人声逐渐清晰起来。看着这烟火的人间、这群深夜焦急等候的战友,张义不由得失声痛哭,七尺男儿泪流满面。在历经 4 个多小时的生死考验后,他终于回家了。广场上灯火通明人群聚集,看着完好的张义

与破损的老越野，大家是既担心又安心。

一切都已经过去，老寨子乡的奋战还在继续，老越野依旧载着来往的行人，奔忙在脱贫道路上。曾经的星星之火，在党和扶贫干部的呵护下，已经熊熊燃烧，足以燎原。如今，被评为2019年凉山州优秀综合帮扶优秀队员的张义又踏上了那条熟悉的道路，这次他的车厢不再空荡，共同坚守的战友挤成一团，满路欢声，跟着党的指引，向着全面建成小康社会前进。

工作中的张义（摄影：卢尔呷）

心怀梦想　扬帆远航
——记优秀退役军人张扬

王道明

　　1988 年，张扬出生在阿坝藏族羌族自治州黑水县。他 1992 年随父母回到广汉，2005 年应征入伍服役于北京卫戍区。从军 5 年间，张扬先后被评为文艺标兵、文化活动先进个人、优秀士兵，并荣立个人三等功一次。

　　张扬生长在一个普通工人家庭，父母均是黑水县林业局的职工。由于大山里条件艰苦，农场里仅有的一个小学班也停止了教学。为了让张扬能够接受正常的文化教育，父母辞去工作，带着未满 4 岁的他回到广汉。年幼的他那时哪知生活的苦，一家四口蜗居于几平方米的门卫室，而失去了经济来源的父母焦急得如同热锅上的蚂蚁，拮据的生活让孩子食不果腹。渐渐长大的张扬审视着这个让自己无比满足的小家，他好似看懂了什么，门板上留下了几个歪歪扭扭的大字——天生我材必有用！

　　或许是源自大山的熏陶，张扬从小就喜欢唱歌跳舞。那时候金雁广场还叫小公园，在小公园跳广场舞的队伍里，小小的张扬每天晚上都是准时到达的舞者之一。旁人打趣说，这个孩子好好培养一下，长大后就去搞文艺。就是这一句不经意的话，却在张扬幼小的心灵中悄悄地埋下了种子。他常常收看广汉电视台节目，学主持人说话，学歌手唱歌，学舞者跳舞。

那时，张扬最向往的就是长大后能进入电视台当一名主持人。然而，现实却告诉他，这只能是一种美好的向往，因为父母曾对他说："你不能好高骛远，一定要好好读书，因为我们最大的能力就是让你吃饱饭、读上书。"

梦想在那一刻，真的只能是"梦想"……

2005年，火车的汽笛响起，伴随着嘹亮的军歌，张扬穿上军装奔赴火热的军营。跟随他去军营的，还有他一直藏在心里而不敢向旁人诉说的梦想。

或许是源于良好的天赋，或许是源于对文艺的喜爱，或许是源于高中学生会分管文艺的锻炼，或许那颗种子早已生根发芽，正蓄势冲破层峦叠嶂。新兵元旦晚会上，张扬的精彩主持、深情演唱、热情舞蹈，让他在军营一夜成名，也改变了他的从军轨迹。

新兵下连队时，张扬直接被调往四连学习外事播音。这是一支光荣的部队，1974年周恩来总理在中南海亲笔批示，这支曾跟随方志敏、陈毅、粟裕等老一辈革命家转战南北、立下战功的红军部队，正式成为向全世界对外开放的窗口部队！多年来，这支部队接待了世界180多个国家的来访宾客，表演800余场次，而幕后工作的播音员在其中扮演着极其重要的角色！

心怀梦想　扬帆远航——记优秀退役军人张扬

张扬军旅风采（右一为张扬，由广汉市退役军人事务局提供）

　　激动万分的泪水溢满张扬的眼眶，他不停地问自己："这是真的吗？儿时的梦想真的要实现了吗？"

　　然而，凡事没有那么容易。竞选播音员的还有另外一名非常优秀的战友。作为四川人的张扬，无论普通话的标准程度，还是声音的饱和度，与北方人相比较都显逊色。"天不怕，地不怕，就怕四川人说普通话。"班长无意间的一句话更让张扬滚烫的心仿佛瞬间被泼上一盆冷水。

　　张扬回忆道："那时候的日子，才真叫一个苦！"每天早上 4 点半准时起床奔赴后山开嗓练声，凛冽的北风吹在脸上如刀割一般，冰冷的空气在练声的一瞬间穿透全身，练完声继续出操 5 公里，午休时间练习普通话，晚上熄灯后再加班 1 小时打磨！加上晚上站岗的时间，平均每晚睡觉时间只有4个小时！那又如何？再苦再累，也无法阻挡一名军人冲锋的脚步，也无法阻挡一颗火热的心在北方的寒冬里燃烧！

苍天不负有心人，经过一年半的努力，张扬终于超越战友，如愿以偿地成了一名外事播音员，先后为加蓬总统、韩国总理、阿根廷国防部长等宾客解说百余场次。而每年军区文艺演出的舞台上，张扬都担任了主持人的角色。火热的军营终于让张扬梦想成真。

"脱下绿军装，依然是偶像，背起行囊又上路，步步回头望，人行一方土，再创新辉煌……" 2010年，22岁的张扬选择了退役留京工作，开始了他艰辛的创业之路。

当过兵的人，骨子里就有那么一股不服输的劲儿！在从事美容养生行业短短一年半的时间里，张扬就从一名会销主持人成长为销售经理、策划总监、市场总监，这样飞速上升的成绩里饱含了他的每一滴汗水和泪水。在北京最苦的时候，他吃了上顿没下顿，甚至还有半个月露宿天桥下的经历，其中的艰辛恐是常人难以承受的。

为了跑业务，除了西北地区，全国几乎每个省份都留下了他的足迹。由于具备主持人语言表达的优势，又有着军人坚韧不拔的意志，张扬很快就通过努力取得了突出的业绩，深受老总的器重。

然而，张扬刚强的外表下却掩藏着一颗柔软的心。2012年，年迈的外婆患病卧床不起。由外婆一手带大的张扬心急如焚，婆孙之间的浓浓亲情时刻牵动着他的心。随即，张扬毅然放弃了北京待遇优厚、前景美好的工作，选择回到家乡广汉，以便陪伴照顾自己的亲人。

心怀梦想 扬帆远航——记优秀退役军人张扬

飞速发展的广汉让离乡多年的张扬感到陌生，甚至还有一丝恐惧。他想，该如何才能在这片沃土上从零开始，站稳脚跟呢？拥有多年主持经验的他本想从婚礼主持开始，不承想却惨遭拒绝，这让信心满满的张扬很是失望和迷惘。

2013年3月是张扬又一个人生转折点。广汉市第三届歌手大赛惊艳开幕，张扬一路过关斩将，最终荣获青年组冠军。此后，他经常参加社区、乡镇和市级部门的演出，并登上了2014年广汉春晚的舞台。从此，张扬以优秀青年歌手的良好形象进入公众的视野。

不久，在父亲的帮助下，张扬进入广汉金雁花炮有限责任公司工作。经过努力，他以良好的综合素质和工作业绩受到了公司领导的重视，很快便成了公司的办公室主任兼安全科长。

同年，第六届全国婚礼主持人大赛在成都举行，他精心筹备了一场军人婚礼作为参赛作品，最终荣获西南赛区金奖、最佳口才奖。正是因为这一次的比赛，名声大噪的张扬正式进入婚庆圈，邀请张扬做婚礼主持的新人及婚庆公司接踵而至……

当过兵的人，骨子里总是有着那么一股冲劲儿！

在婚庆主持界风生水起的张扬有了创业的梦想，2014年他拿着借来的钱和朋友一起创办了婚庆公司。然而好景不长，由于缺乏管理经验和中途遭遇突发资金链断裂，婚庆公司不得不歇业关闭。屋漏偏逢连夜雨，因为企业不景气，张扬只好离开花炮公司，开始了他艰辛的谋生之路。

工作中的张扬(摄影:刘春)

时光步入了2016年的夏天,不服输的张扬在身边亲戚朋友的帮助下,筹集到了30万元资金,在广汉市中心开设了一家经营床上用品的家纺商店。虽然负债累累,但大家总能从他的脸上看到自信的微笑。在内心深处,他一直认为自己是一个特别能折腾的人。也许是从军的经历练就了他坚毅的性格。

2018年,心怀梦想的张扬创办了声动主持艺术培训。这是一家独具特色的成人和少儿主持、朗读、朗诵培训机构。2019年,声动传媒有限责任公司(以下简称"声动传媒")应运而生,张扬利用自己多年的舞台经验,主要承接舞美工程、年会演出、文艺庆典等活动。当张扬回眸审视自己开创的事业时,突然发现自己的负债远远超出了想象,但那份自信的微笑他始终没有丢掉。

心怀梦想 扬帆远航——记优秀退役军人张扬

生活中的张扬（摄影：刘春）

正当声动传媒的业务进行得如火如荼的时候，一场新冠肺炎疫情席卷全球。所有的社会活动、演艺项目均被按下了暂停键。家纺店暂停！培训机构暂停！公司暂停！资金利息、房租、人工水电……在这一瞬间压得他透不过气来！原本看到希望的张扬又一次陷入了困境。

然而，这一切都没有让他一蹶不振。2020年1月27日，正月初三清晨，张扬早起、穿衣、出门，加入了抗疫志愿者队伍……

经历了2020年新冠肺炎疫情和洪灾的考验，承受了难以言表的压力和困苦，一往无前的张扬健步走进了崭新的2021年。他坚信，心若在，梦就在，只不过是从头再来！

用无悔青春续写军人本色
——记优秀退役军人张学成

程道敏

"90后"是怎样的一代？有人说他们是颓废的一代，自私、狭隘、张扬，也有人说他们是有担当的一代，不屈不挠、无私奉献，敢于为梦想奋勇拼搏。

在广汉，就有这么一位正能量满满的"90后"，他在军营铸就过硬作风，在广汉忠于职守城市一线，在金阳坚守援彝后方，他就是年轻的优秀退役军人——张学成。

以赤子之心投身绿色军营

2013年9月1日，张学成来到了魂牵梦绕的大学校园。此时的他心里却是五味杂陈。这一天，他没有前往报到处，只是径直走进校园，四下转转。和其他四处参观的新生不同，他的目光中透露出了不舍，更多的却是坚毅，因为在此之前他心中早已做出了暂别校园、参军入伍的决定。

用无悔青春续写军人本色——记优秀退役军人张学成

促使他做出这个决定的是2013年的一纸征兵公告。与往年不同，当年征兵计划将新兵入伍时间从12月调整到了9月。正是这个调整，让他投身军营的赤子之愿提前得以实现。

戴上大红花，告别父母，他如愿成了一名解放军战士。从刚到连队时的新鲜感到思念家人时的伤感，再到取得进步时的成就感，他凭借着一股子韧劲儿，通过不懈努力，实现了从大男孩到军人的蜕变。

张学成军旅风采（由广汉市退役军人事务局提供）

在高强度的训练中,他也曾一度因为双侧腋神经中度损伤和两条神经轻度损伤而难掩伤心落泪,但在班长、战友的关心鼓励下他很快振作起来,快速调整心态,积极配合治疗,康复归队后更是争分夺秒地抢抓体能训练和素质提升。这一切只因为军队男儿永不服输,任何困难都不可能成为他前行路上的绊脚石。

以忠诚之心守护一城平安

转眼间服役期满,收起对军营的不舍,道别一起流过汗、流过泪的亲密战友,张学成离开了生活两年的部队。退役返乡后,由于习惯了部队的纪律严明,他一直把求职目标锁定在一些特别讲纪律的单位。2016年6月,他满怀期待地向广汉市交警大队递交了入职申请表,并顺利通过笔试、面试和体能测试,成了一名辅警。

从军人到警察,身份虽然变了,但他对国家、对人民的忠诚之心始终没有丝毫动摇。在一次巡逻中,巡至大件路天山加油站路口时,张学成发现一辆小轿车撞上了隔离带,汽车损毁严重导致漏油,车辆尚未熄火,车旁还有一些围观的群众。事态紧急,他们必须赶紧控制肇事者,疏散群众,并及时使车辆熄火,防止造成二次事故。

可在处置过程中,肇事者在酒精的作用下,极力反抗,想要挣脱控制,导致张学成的双肘被碎玻璃划出了好几道伤口。虽然负了伤,但他并无半句怨言,只因这是在捍卫人民群众的利益。

受伤并非张学成的工作常态,更多时候他的职责还是进行普通的巡查值守。在一次例行巡查中，一辆停靠在路边很久的面包车引起了张学成的注意。经过现场查看、核实车辆信息，在与登记车主取得联系后，他确定该车是一辆被盗车辆。由于失窃时间较长，车主原已不抱找回的希望，没想到因为张学成工作中的敏锐和细心，失而复得。

都说交警是城市的流动名片，张学成每日奔忙于广汉的大街小巷，他执勤的一姿一势，服务的一言一行，不正是一张鲜活的城市名片吗？

以奉献之心坚守援彝后方

人活一生，总得干几件值得老来回忆的事，总得留下一行闪光的足印。有人选择游遍万水千山，有人选择无私投身公益，张学成的选择是什么呢？他选择了奔赴金阳县参加脱贫攻坚这场没有硝烟的战役。

金阳县，地处攀西高原深处，是凉山彝族自治州几个国家级贫困县之一，也是广汉市对口帮扶的县城。那里虽山清水秀，民风淳朴，但偏远闭塞，贫穷落后。满怀一颗为民奉献的心，张学成向组织递交了援助金阳的申请，并于2017年3月正式成为一名援彝扶贫干部，开始了为期两年的援彝之旅。

到达援彝指挥部后，张学成被安排到了指挥部后勤组，主要负责车辆和食堂管理。新的工作看似轻松，实际上却给他带来了不小的压力。一方面，当地道路大部分路况较差，且多为傍山险路，车辆一旦发生故障，轻则在前不着村后不着店的山路上抛锚，重则面临失控滚落山崖的危险；另一方面，当地基础医疗水平差，一旦发生饮食安全问题，势必会对全体援彝干部的生命健康造成巨大威胁。

为了能更好地胜任工作，张学成白天认真履行车辆调度和食材采购验收等职责，晚上放弃休息努力自学车辆养护、后勤管理等方面的专业知识。在工作中，他坚持每天对所有入库车辆进行一次全面体检，累计排查出大小隐患20余处，有效保障了援彝指挥部用车安全。

工作中的张学成（由本人供图）

此外，张学成还牵头规范了食堂采购验收和食堂餐具消杀流程，在饮食安全上为援彝干部筑起了一道坚实的防线。履行好本职工作之余，他还主动当起了通勤驾驶员。

两年来，金阳县34个乡镇，他都带着工作人员跑了个遍，成了援彝

用无悔青春续写军人本色——记优秀退役军人张学成

指挥部名副其实的金阳道路"百晓生"。

秉持着军人不获全胜、绝不收兵的坚定信念,在两年援彝期满后,张学成毅然申请继续留在援彝一线。如今,虽然新冠肺炎疫情还没有退却,但他却仍然坚守在援彝工作一线,用实际行动诠释着什么叫"退伍不褪色",用前行步履佐证着"90后"是能担当有作为的一代。

工作中的张学成(由本人供图)

后记

"穿上军装去战斗,脱下军装去奋斗,砥砺前行,不负韶华。"这是张学成参军以来最深的感悟。每当聊到有关军人的话题，他总会开玩笑道"当兵后悔两年，不当兵后悔一辈子"，言语中不经意间透露出一种自豪。也许这就是军营的魅力，不曾亲历就无法领会其中奥秘。

硬核"扫地匠"
——记优秀退役军人、广汉市综合行政执法局环卫所清扫大队大队长陈川

邱世美

肤色黝黑,身材壮实,笑容憨厚,这是陈川给人的第一印象。

"晒了太阳晒月亮,他是快乐的'扫地匠'!"这是了解陈川的人对他的形象描述。

陈川,退役军人,广汉市综合行政执法局环卫所副所长,这个把严谨、高效的军人作风带到城市清扫工作中又善于人性化管理的汉子,硬生生把扫地做出了一朵花……

从飒爽军人到城市清扫工

陈川曾经是一名炮兵侦察员。3年的军旅生涯,锤炼了他不怕苦、不怕累的钢铁意志,更养成了他严谨、细致、高效的工作习惯。谈及军旅生涯,他说最大的收获其实还是精神上的,是军营对自己三观的正确引导,

把自己从一个迷茫的小伙儿变成了一名严守纪律、忠于目标的有志青年。

陈川军旅风采（由广汉市退役军人事务局提供）

退役后，根据组织安排，陈川走上了环卫岗位。每天清晨5点，城市还没有醒来，陈川已经在责任路段挥舞着扫把普扫街道。尘土飞扬、劳累枯燥，这似乎并不符合一个二十几岁的年轻人对职业的美好梦想。但陈川迅速调整好了心态，以极大的热情投入这份新工作中。"每一份职业都有它的价值所在，即使扫地，我也要扫出精彩！"陈川如是说。

这段一线清扫经历给陈川带来了很大的收获，不但让他对各项基础工作门儿清，也让他深刻理解了环卫工人的辛苦。他一直坚持"步巡工作法"，走遍全城的大街小巷，零距离发现问题处理问题。就这样，勤勤恳恳的陈川从一线清扫保洁员，一步一个脚印成为清扫二队队长，后来又成

硬核"扫地匠"——记优秀退役军人、广汉市综合行政执法局环卫所清扫大队大队长陈川

了环卫所清扫大队大队长。

清扫大队负责广汉城市规划区内所有街道、广场共计700万平方米的清扫、保洁、冲洗、洒水降尘等任务,"顶烈日寒风,忍异味艰辛",苦累有加,出彩不易。陈川接过清扫大队大队长的重担后,首先让整个团队建立起了对职业的自我认同感:"我们是城市美容师,让广汉因我们而美丽!"他还进一步优化了工作方法,实施"五三工程",即坚持每天早中晚三次普扫、三次清运、三次收运、三次洒水、三次检查,实现了街面时时整洁、垃圾点位处处干净、垃圾日产日清,有效抑制了城市扬尘。

这些年,陈川带领清扫大队解决了不少治理难题。湖南路就是问题路段的典型代表,那里烧烤店聚集,人、车川流不息,环卫保洁难度极大。陈川组织清扫大队进行了多次民主讨论,最后研究出一套"全方位保洁法",即每周不少于3次冲洗烧烤摊位路面油污;凌晨3点进行机械化清洗错时作业;普扫前1小时调派人员清理积存的垃圾,减轻普扫工作量。经过清扫大队不懈的努力,该路段脏、乱、差的现象得到了彻底改变。

近年来,清扫大队中多名队员荣膺"四川省城乡环境综合治理工作优秀环卫工人""德阳市道德模范提名奖""德阳优秀共产党员""广汉市十佳劳动之星""广汉十佳共产党员"等荣誉,清扫大队也多次被广汉市综合行政执法局评为先进集体。2016年5月,陈川带领下的清扫大队被广汉市总工会评选为"广汉市卓越团队"。这一年,陈川也荣获了"四川环卫系统先进个人"称号。2020年7月,陈川被任命为广汉市综合行政执法局环卫所副所长。责任更大了,他也更加勤勉了。

工作中的陈川（摄影：胡佑旭）

向来敢啃"硬骨头"

与苦、脏相伴，与假日无缘是陈川的工作常态。接到临时重大工作时，他更是发挥军人敢打硬仗的作风，从不退缩。两次航展、"7·11"洪灾，落在清扫大队身上的任务都是超级难啃的"硬骨头"，陈川不但带着团队扛了下来，而且完成得都很出色。

2018年7月11日，暴雨如注，广汉遭受了几十年难遇的特大洪涝灾害。凌晨5时许，陈川就和同事到鸭子河栈道巡查灾情。在坚守狮子堰湿地公园一线河堤两个半小时后，一口水没喝、一口饭没吃的陈川突然发现一位60岁左右的老者欲推一艘小渔船下河。陈川冲过去拦住老者，苦口

硬核"扫地匠"——记优秀退役军人、广汉市综合行政执法局环卫所清扫大队大队长陈川

婆心劝说其不要下河。老者很犟，对陈川又抓又打。但陈川更"刚"，就是不放手。僵持了10多分钟，老者终于离开。8点50分，洪峰漫过栈道，积水最深处达0.7米。看到自己的责任段未发生任何事故，陈川悬着的心才算放下。

12日，洪水渐退，城市容貌一片脏乱，淤泥、砂石、杂物垃圾等"现出原形"，市民也纷纷将雨水浸泡过的家具等物品丢弃，城区街道、社区垃圾堆积如山。陈川马上组织环卫工人清扫、清掏、清捡、清理、清洗、清运，每天从早上5点忙到深夜，连续奋战十多天，才让广汉城重现美丽容颜。

2019年9月29日至10月3日，第二届四川国际航空航天展览会在广汉市航展会展中心隆重举行，为期5天的盛会吸引了数十万游客前来观展。曾经出色完成第一届航展环卫保障任务的陈川再担重任，他深知这又是一场硬仗。

从8月1日起，陈川就组织清扫大队开展了为期两个月的大清扫、大清运、大清理、大清洗、大清查五大环卫整治行动，按"七无五净"标准全面净化城区航展线路及核心区域环境卫生。

9月27日航展开幕在即，陈川再次到航展会展中心检查。经他的"雷达眼"扫描，又发现了一些细节上的问题，他连夜带队突击。自当日下午5点至次日凌晨4点，短短11个小时，完成了1万余平方米游客区域的再次清扫冲洗保洁、场内30余吨垃圾的清运、100个移动公厕的安装调试……当29日航展盛大开幕时，现场环境干净舒适，八方宾朋尽展笑颜。

展会期间，航展场内场外路线及区域的清扫保洁冲洗除尘，航展核心区、集结区、疏散区临时卫生间的综合服务，餐饮区及周边区域的清扫保洁和垃圾收运……都是陈川和他的团队的任务。连续5天，陈川24小时坚守在航展现场，快、准、好地全面完成了净化城区航展线路及核心区域环境卫生的任务。

10月3日晚航展夜场表演一完毕，陈川立即安排环卫善后工作：及时撤离公厕、清扫冲洗、清运垃圾。当10月4日第一缕阳光洒在航展会展中心时，一切已经恢复了整洁如初的模样。

是钢铁硬汉，也是温情暖男

组建于1981年的清扫大队，现有职工366人，大多年龄在50岁左右，是一个既淳朴又很有个性的群体，这样的群体并不容易认可一个人，但大家对陈川都是一致点赞："他为人实在，每天跟我们一样早起晚睡，用脚印'镶满'每条街道；他尊重我们，每天看到我们都是笑容满面的，姐啊哥啊地喊得人心里暖暖的；他关心我们，有什么头痛脑热，他都会第一时间帮助处理、慰问探望，下晚班的时候他总要叮嘱我们回家路上注意安全……"

有一件事让清扫大队的职工们至今记忆犹新：几年前的一个周六的中午，清扫二队的保洁员、50多岁的段大哥下班后，在回家路上被一辆三轮车撞了。段大哥当时感觉并无大碍，没让肇事者留下任何联系方式，但回到家后却突然疼痛难忍。此时，他唯一能想到的求助对象，只有清扫大

硬核"扫地匠"——记优秀退役军人、广汉市综合行政执法局环卫所清扫大队大队长陈川

队的主心骨陈川。

工作中的陈川（摄影：胡佑旭）

接到电话，难得能在周末陪陪儿子的陈川二话不说就出了门，先和同事把段大哥送到医院治疗（拍片显示段大哥肋骨骨折），然后又联系交警大队查看监控。遗憾的是，那辆三轮车没有车牌，未能锁定肇事者。陈川便协助段大哥通过医保报销了大部分费用。

2020年2月中旬，正值战疫关键时期，一天早上8时许，陈川正在给一线环卫工人发放口罩、消毒液等防疫物资，看到一位年近八旬没有戴口罩的老婆婆一直在附近徘徊，便拿上一个口罩，快步走过去……原来老婆婆是想去向阳镇，可是不知道如何坐车。

陈川给老婆婆戴好口罩，反复向她解释："老人家，现在新冠肺炎防疫形势很严峻，所有的班车都停运了。为了您的身体健康，非常时期尽量少出门，出门时记得戴好口罩，注意防护……"看着老婆婆戴好口罩原路返回，陈川才放下心，继续投入到紧张的防疫工作中。

陈川就是这样一个人，既是军营锻造出的严肃认真的钢铁汉子，又是一个心地善良让人如沐春风的暖男。这个暖男最亏欠的是家人，工作繁忙的他疏于对家人的陪伴，每天早出晚归，和儿子经常好几天都不能见上一面。为此，有一手好厨艺的陈川就把所有的牵挂和歉疚变成一道道美食，一有空就下厨，麻辣鱼、烧牛肉、烧肚条……"看着儿子吃得开心，我就心满意足了！"陈川如是说。

退伍不褪色，社区勤务兵
——记优秀退役军人陈松

王路姣

34 年不忘初心

"一日从军，军魂入骨。"许多退役军人虽然早已脱下军装，但始终不会忘记自己曾是人民子弟兵，不会忘记服务人民。广汉汉州街道奎楼社区书记、主任陈松正是这样一名退役军人。

陈松出身于三代从军的革命军人家庭。1986 年 11 月，从小就怀有军营梦的他应征入伍，在部队历任班长、通信员、文书兼军械员等职，荣获团、连嘉奖数次，三等功一次。1988 年 7 月，光荣加入中国共产党。1990 年 2 月，陈松退役。

3 年多的部队生活，锻造了陈松一身的刚毅和正气，更让他懂得坚持的重要，而这些帮助他在退役后开辟了一片新"战场"。

陈松军旅风采（由广汉市退役军人事务局提供）

回到家乡驰骋新"战场"

退役后，陈松回到家乡广汉，被安置在东方轴承厂工作。9年间，他历任厂宣传干事、团委副书记、书记、纪监办主任、清欠办主任、分厂书记兼副厂长、驻昆明办主任等职务。

熟悉陈松的人都知道，他是一名退役军人，多年来始终保持着雷厉风行、肯干实干的优良作风；在同事眼中，他是一个不知疲倦的"铁人"；在他眼中，自己就是一个很普通的人。

"道虽通不行不至，事虽小不为不成。"对陈松来说，退役到地方工作，一切都是陌生的，而轴承厂的工作更是一个全新的领域。面对这一挑战，他从思想到认识、从感知到实践，经历了较为复杂的思想斗争和艰难的适应过程。打铁先要自身硬,他把加强学习、不断提高自身业务水平当作自己的首要任务,通过不断努力,很快从企业宣传工作的门外汉,成了各项工作和业务知识的行家里手。

1.6 万人的大管家

从 2010 年 10 月开始,因工作需要,陈松先后任雒城镇九江路社区副书记,南昌路社区书记、主任。

南昌路社区现有住宅楼 169 栋,居民 6058 户,约 1.6 万人,社区内小区半数以上属"三无院落"小区。小区事务处处皆细节,优美的绿化、干净整洁的小区环境、和谐的邻里关系……这一切在陈松眼中都是"天大的小事","有事就找陈书记"成了社区居民的口头禅。

工作中的陈松(摄影:陈华良)

作为一名退役军人，陈松总有一股不把工作做好决不言弃的韧劲儿。面对全新的工作挑战，陈松首先直面辖区下岗待业人员的生活困境。他与社区两委成员深入辖区，细致摸排调查，向镇党委、政府提出了各种行之有效的意见和建议，为政府决策提供了依据。

"只有我们每个工作人员都能在工作中自觉、严格地要求自己，群众才会赞赏和满意你。群众对我们满意了，才会对政府满意。"这是陈松常挂在嘴边的一句话。

在办理低保申请事项时，他协助民政专管员严格按照文件规定，从严把关，认真受理每一项业务，凡是手续齐全符合国家政策的立即受理，以最快的速度办成；对手续不全、不符合法律法规和政策要求的，认真耐心地做好解释工作，确保了民政工作严格按照法律规定执行。他的这种工作作风，赢得了群众的一致好评，从而促进了社区工作的顺利开展。

冲在抗疫一线，成为居民的贴心人

人民有难，军人当先。2020年春节，新冠肺炎疫情突然来袭，陈松作为南昌路社区党委书记、主任，带头冲锋在前，全力投入到疫情防控这场没有硝烟的战役中。

社区是疫情防控的一道重要防线，为了防止疫情蔓延，陈松从除夕就一直坚守在疫情防控一线。他挑灯夜战、争分夺秒地部署开展工作，第一时间成立疫情防控工作小组，对后勤保障、监测点人员分配、数据统计等相关工作，分工到人，明确职责，统一部署，统一调度，统一行动。他向

退伍不褪色，社区勤务兵——记优秀退役军人陈松

社区党员、工作人员和志愿者发出倡议，号召大家"守土有责、守土尽责、冲锋在前"。

在陈松的号召下，社区党员、工作人员和志愿者纷纷跟进，积极投入到疫情防控工作中来。

"作为社区党委书记、共产党员、退役军人，什么是危难时刻？现在就是！面对严峻的疫情，我有责任冲在最前面，全力守护居民群众的平安健康。"陈松不分昼夜地与同事一起，加强人员排查，开展宣传引导，劝阻聚餐聚会，禁止活禽交易，执行小区院落封闭式门卡出入管理……

同时，他主动带队深入28个居民小区、院落群众家中，进行"敲门行动"，地毯式摸排近6000户14 000余人，建立台账，确保不漏一个返乡人员。他说："我们社区地处城乡结合部，人员流动大，春节回家过年的人特别多，没有别的办法只有多跑，自己下去心里才踏实。"

陈松每天戴着红袖章，拿起小喇叭，在小区、院落巡回宣传疫情防控知识，带队走访辖区内商店、茶楼（馆）等场所，引导商家积极主动配合疫情防控工作。他还积极与爱心蔬菜企业联系，先后为居家医学隔离、购物困难人员免费送去菜油16桶、米26袋、蔬菜近两吨，受惠居民达300余人。陈松还一边参与疫情防控工作，一边筹划捐款事宜，积极倡导辖区党员群众代表参与爱心捐款，共募集善款8260元。

陈松不仅在社区充分发挥党建引领作用，更在这场没有硝烟的防疫战争中充分展示了他的军人本色。多年来，陈松先后多次荣获优秀共产党员、优秀党务工作者、岗位能手、先进个人、城乡环境综合治理先进个人、

广汉市信访工作先进个人等荣誉，赢得了领导的肯定和群众的衷心赞誉。

做好村（社区）级建制，调整"后半篇"文章

2020年5月22日，广汉建制调整后的101个村、社区完成了挂牌仪式。其中，雒城镇南昌路社区更名为雒城街道奎楼社区，陈松继续担任奎楼社区书记、主任。据最新数据显示，该社区共有5394户，常住人口11 600人（2021年5月，奎楼社区划归汉州街道）。

工作中的陈松（摄影：陈华良）

村（社区）党组织是党的细胞，是我们党治国理政的神经末梢。谈到奎楼社区建制调整的"后半篇"文章，陈松充满信心和干劲儿。下一步，

陈松将带领社区班子积极探索创新城市社区基层治理模式，构建"社情民意气象站"，以小区、街道为单位，将辖区划分成若干个小网格，由社区两委班子成员、社区民警任网格长，实行挂钩联系小区制度，把党员、社区志愿者组织成网格员队伍，主动出击收集社情民意。同时，将以改革为契机，充分整合区域资源，更加优化区域、便民服务、管理机制，促进社区基层治理工作常抓常新。

陈松曾经把青春热血洒在军营，尽管早已脱下军装，仍然用军人的品格和血性在国家和人民最需要的地方开创一片新天地。现在的他是社区干部的主心骨，是社区居民的暖心人。他用实际行动延续着退役军人退伍不褪色的红色基因，诠释着一名共产党员的初心和使命，体现着一名社区干部的为民之心和朴实！

"常青树村干部"
——记优秀退役军人林兴伦

文书茂

40余年的村干部生涯,从未想过离开生养自己的家乡沃土,这是怎样的一种情怀与坚守?他叫林兴伦,一个以毕生精力与黑土地打交道的退役军人。他,还是大家眼中的"常青树村干部"。

与泥土同生共长的他

地处广汉鸭子河南岸的和兴镇(今金鱼镇)华严村,与中国民用航空学院(后迁往天津,并入中国民航大学)用地接壤,位于机场东北部,历史上因地理位置偏僻,交通不便,经济欠发达。1955年的深秋时节,林兴伦出生于华严村一个世代务农的贫穷人家。从此,那种由父辈传袭的朴实、勤劳的基因,便深植于他的血脉之中。他与本村其他同龄人一样,有过艰苦又快乐的童年,也有过初谙世事的迷茫青少年时光。1976年,21岁的他选择了报效祖国投身部队。

"常青树村干部"——记优秀退役军人林兴伦

5年的军旅生涯，不仅练就了他健壮的体魄，更赋予了他那份做人的责任与担当。1981年初从部队退役回乡不久，他担任了华严村党支部委员兼民兵连长。两年后，任华严村村委会主任。1996年起任华严村党支部书记，直至2019年退休。从岗位上退下来的他，并没有像其他同龄人那样，两耳不闻窗外事，一心在家享天伦，而是选择接受组织上的特聘，协助现任村委会班子，继续发挥余热，为华严村的长远发展出谋献策。

对土地一往情深的他

被组织特聘的林兴伦一心一意地发挥着余热。他仍像以前一样，心里装着村里的大事小事。

"老林，你这么放着大把的晚年安逸时光不去好好享受，非要把自己绷得这样紧，是不是放心不下你的继任者？"对于笔者的提问，他沉思片刻，一丝担忧隐隐袭上了他的眉间。

"老文，我倒没有那个意思，我对继任的年轻人有什么放心不下的？他若能按照当初大家的期望为华严村和村民着想，自然是件好事，也能让我放下心来。再说，我虽然退下来了，但在有些村务事情的处理上还得尽力为他们把把关，争取让他们把工作做得让村民更认可满意些。哈哈哈，这就叫'扶人上马，还得再送他一程'嘛！"

嗯，扶人上马，送人一程。这既是对继任者的支持与期待，又体现了他虽已不在位，但仍坚守着一名村干部的职责与担当。检验一名村干部是否称职，不仅要看他的言与行，更要看其是否一切以符合社情民意为出发点。作为曾经的军人，林兴伦执着不变的家乡情怀，并未因他的离岗而淡化。这就是笔者眼中真实的林兴伦。

让土地流转经营的他

对 40 多年来的村干部生涯，对自己曾走过的路、做过的事，林兴伦一打开话匣子，就犹如那鸭子河的流水滔滔不绝，语气里充满着成就感与自豪感。

"老林，作为你的同乡和同龄人，我对华严村在你任职期间的变化，多少有一些直观的认识，尤其是对华严村前些年在国家政策的感召下，你带头率先在全省搞起了土地流转，你所做出的成绩有目共睹。我认为，这是你村干部生涯中最出彩的一笔。"

林兴伦闻言，脸上泛起一抹难以抑制的喜悦："是啊，那是我村干部生涯中最难以忘怀的岁月。"

2014 年，随着国家推行城乡一体化战略的实施，长期工作在村干部岗位上的林兴伦，凭着多年的职业敏感，很快觉察到：新一轮的城乡一体化经济变革必然会给家庭联产承包责任制的传统做法带来新的变化，除去家庭经营，还可以采用集体经营、合作经营、企业经营等多种经营方式。这样一来，对土地实行有序流转，让土地实现最大效益就势在必行。

有了土地流转想法的林兴伦，先是通过对土地亩产效益的核算，与村委会一班人统一了思想，再召集各社的社长在议定后的基础上，将形成的一套方案提交给全体村民进行讨论、表决、通过。他和村委会一班人经过几个月心血的付出,得到了全村村民的一致认可。

有了坚实的民意支撑,他和他的同事们铆足了劲儿,大家齐心聚力,很快便把土地流转这件大事,在几乎没有任何经验可借鉴的情况下,按照凝聚集体智慧的方案,一步一个脚印地实施了起来。

工作中的林兴伦(摄影:王毅)

为了确保被流转出的土地的调控权和收益权牢牢掌握在村委会手里,让村民能从中真正受益,华严村还成立了土地流转专业合作社,由林兴伦任社长。合作社的职能主要包括以下几个方面:一是在土地流转上,以合作社名义与每户村民签订协议,每年的土地转让费,由合作社负责向村民支付;二是对流转给承包户的土地,由合作社在收益上与承包户对接,承包户每年向合作社交付土地承包费，合作社收到承包户每亩交付的承包费后，如数转支给村民。这样做，流转土地的村民和承包土地的承包户之间，杜绝了可能出现的矛盾纠葛，切实保障了村民的权益。

华严村的土地流转是成功的，效益在当年便凸现出来。仅就土地流转一项的收益，每亩收入就比过去增加了907元，当年人均创收达到18 764元，比2013年人均增长了11 124元。

华严村土地流转承包经营责任制改革的成功，犹如一股强劲的春风，迅速吹遍了蜀水大地。一时间，前来参观、学习、取经者络绎不绝。林兴伦和村委会一班人，没有辜负新时代和村民们的寄望，在改革大潮中竖立起的这面土地流转旗帜，经受住了实践认知的检验。

有人问林兴伦："你搞土地流转，想过后果没有？"林兴伦不假思索地回答："没有想过。但我认为，搞对了，是为老百姓谋了福祉。如果搞错了，最多不当这个村支书。"2014年，中共中央办公厅、国务院办公厅印发了《关于引导农村土地经营权有序流转发展农业适度规模经营的意见》（简称《意见》），要求各地区各部门结合实际认真贯彻执行，大力发展土地流转和适度规模经营，五年内完成承包经营权确权。林兴伦的土地流转改革试验开了风气之先。

林兴伦的付出，不仅让村民的生活质量得到了提高，还让村容村貌、社会治安、精神文明和村民的精神面貌等，都得到了实质性的改观，华严村和他本人也因此收获了许多荣誉：2015—2016年，华严村被评为德阳市法制示范村、四川省"四好村"，林兴伦被评为广汉市"出彩村官"、先进党务工作者等。在这期间,以华严村为样板标杆的土地流转的改革示范效应,先后在四川全省各地得以全面落地生根,开花结果。

走向明天的华严村

如今的华严村再也没有了当年那种贫穷落后的气息。行走在这片土地上,放眼四野,到处充满着一派勃勃生机。抽穗的麦苗、待熟的油菜籽、青青的菜畦、气派的农舍、纵横交错的水泥路……这一切根植于大自然怀抱的立体物象,在 4 月的暖阳照耀下,犹如一幅绚彩的水墨画卷,给人无限的感慨与遐想,令人回味无穷。

沿鸭子河堤坝路而筑的绿道,犹如一条彩带将风格各异的休闲鱼池、马术俱乐部、农家乐等旅游休闲景观,紧密而直接地串联在一起,为人们走进大自然怀抱猎新揽趣,提供了不二的心仪之选。这些休闲景观的东南方,便是享誉全国的 4A 级风景区——三水易家河坝乡村旅游区。

"老林,这些紧连易家河坝景区的休闲娱乐景观,都是你实行土地流转后土地再利用的杰作吧?"

"是的。这些过去都属于河滩地的地方,种庄稼出不了众,如何使其发挥更大的资源效益呢?只能走因地制宜、搞旅游休闲这条新路。再说,与易家河坝紧邻相连,也算构成了经营规模上的整体性,容易被人们认可和接受嘛,这也是打造这片景区的初衷所在。"

将贫瘠的河滩地很好地加以利用,让其土地资源效益最大化,林兴伦的做法也是可圈可点。

工作中的林兴伦（摄影：王毅）

华严村如同我国众多乡村一样，在新时代党和国家的"三农"政策扶持下，明天必定会变得更加美好，村民的物质与精神生活必定会越发多姿多彩。因为土地是农民的根脉，他们有足够的自信与胆识，对自己脚下的这片沃土，加倍地去精心珍惜、呵护和耕耘！

奋斗在路上,永不止息
——记优秀退役军人周乐俊

邱 林

他从农家走来,脚下沾着黄土,这让他每一步都走得更质朴和踏实。他曾参军入伍,回乡当过村支书,下海经过商,最后又回到了那片家乡的土地,在那里办起了全国有名的玻璃制瓶企业。他就是周乐俊,1956年出生于广汉市西外乡,一个地道的广汉人。

暂离乡土,步入军旅

周乐俊那个年代的农村孩子,能读到高中的不多,即使读到高中,毕业后也大多拜师学艺或者跟随父辈种地补贴家用。但命运的神奇之处就在于,或许下一个转角又是一片春暖花开。

蓝天白云的农家生活,被一抹鲜艳突兀的橄榄绿打破了平静。青春总是充满着躁动与憧憬,能够穿上军装投身军营,离开这个太过熟悉的叫作家的地方,成为当时那群农家青年的追求和梦想。1978年,22岁的周乐俊怀揣梦想入伍，走进了新的世界。吃苦耐劳、善于学习，这些从小跟随父亲在田间地头学来的本事，让周乐俊在这块热血青春的土壤上飞速成长，很快便成当上了班长、代理排长。

周乐俊军旅风采（前排中为周乐俊，由广汉市退役军人事务局提供）

20多岁的年纪，总有使不完的劲儿。在4年军旅生涯中，周乐俊就像一块海绵，疯狂地吸收着所有新的东西。部队的训练磨炼了他坚强的意志，铸造了他坚韧的个性。多少次面对危局与困境，那股子融入血液的战斗意识，永远支撑着他奋然起身，继续前行。

静心酝酿，破土萌芽

转眼到了1982年的秋天，26岁的周乐俊结束了他短暂而精彩的部队

奋斗在路上，永不止息——记优秀退役军人周乐俊

生涯，在西外乡狮埝村（今三星堆镇金谷社区）当上了民兵连长、党支部副书记，开始了他新的人生旅程。狮埝村的平淡生活像那蜿蜒绵长的鸭子河水，在一丛丛的芦苇秆中穿行，缓慢而悠长。周乐俊的心慢慢沉了下来，他走过那条铺满煤渣的小路，在青翠的秧苗与蛙鸣中，来到了水草浮动的河边，抓起湿润的泥土，一股青草与河水的味道。远处工厂的大烟囱正吐着烟，他久久凝视这片生机盎然的故土，思绪涌动，一颗创业的种子在心底逐渐生根发芽。

周乐俊看准玻璃制瓶的巨大市场需求，经过反复斟酌思考，在家乡办起了广汉玻璃制瓶有限公司，迈出了创业的第一步。

改革创新，扬帆远航

市场经济优胜劣汰，传统守旧的发展模式已经不符合时代浪潮。在当时的大环境下，周乐俊在审慎思考后，选择了以创新来推动发展。1998年，周乐俊顶着经济与家庭的双重压力，先后投资数千万元，实施技术改造和技术革新，逐步扩大企业的体量。前期改革的巨大投入很快让公司陷入了危机：效益增长缓慢，财务越来越困难，部分人员开始摇摆不定，甚至开始质疑改革的正确性……

在部队上锤炼出的斗志与韧性，让周乐俊越战越勇。他决心在这片土地扎根，他认定的事情就一定会做到底。一起共事多年的老员工都了解他，选择坚定地信他、挺他，那是岁月里熬出来的心与心的默契。几年过后，公司的经济效益开始成倍增长，年产量从1998年的几千万只提升到

了4亿多只，年产值从两千多万元到1亿多元，年上缴税收从几十万元到近千万元，一举跃升到全国同行业前列。

工作中的周乐俊（摄影：唐焕云）

以人为本，关爱职工

从辞去"铁饭碗"到现在成为公司年产值上亿元的企业家，周乐俊在这段艰辛的路程中，一直坚守着"为顾客着想、为员工负责、为社会贡献"的初心。

为了打造更具有人情味的厂区，原本水泥钢材结构的厂区，在一棵棵大树、一丛丛绿草的映衬下，变得温柔了许多。从2003年到2008年的5年间，周乐俊顶着巨大的资金压力，一口气解决了所有职工的五险一金问题。看着员工们脸上的笑容比以前多，他露出了微笑，随后又有了新的打算。他在厂区开辟了一个学习场所，经常召集大家交流经验，开展一些培训活动。周乐俊把员工们当成自己的亲人，为他们排忧解难。在厂区一谈起周总，大家无不面带笑容，竖起大拇指，称赞他心肠好，愿意一直跟他干。

心怀感恩，回馈社会

周乐俊说："广汉是我的出生地，也是我创业的起步之地，更是我事业走向成功的福地，我会尽自己所能回报社会，多做贡献。"对这片生育他的土地，他有着深厚的情感。

春节期间，西外乡的敬老院里，老人们聚在大厅里聊着家常，时不时望向门外，挂念着那位每年必到的亲人，还有好多话想说给他听。10余户贫困户家里都放着米面粮油，手里拿着过年红包，正向一个男人挥手致谢，说着新年快乐。数名贫困大学生收到了红色的信封，看着里面开学需要的学费、生活费，满心欢喜地告诉家人，心中默默为那位爱心人士祈福致谢。村里的人们扶老携幼，欢声笑语地向镇上走去，脚下是新铺好的柏油路面，鲜亮干净。20多位伤残人士，正和亲友们说着自己有了养老保险，还打算过几年把家里的墙面重新粉刷一遍，初八就要去玻璃制瓶公司上班……这一幕幕里，都有周乐俊回馈社会的善举。2004年，在大家的强烈推荐下，周乐俊荣获德阳市人民政府授予的"德阳市第五届劳动模范"称号。

时间悄然流逝,曾经风华正茂的热血青年已经过了耳顺之年,多少次梦回,记忆中总有那绿色的身影。军人的热血,军人的铁骨,军人的战魂,也早与周乐俊融为一体,愈发醇厚,愈久弥坚。

周乐俊常说,要融入时代发展洪流,要打赢市场竞争的硬仗,就必须敢于迎难而上,勇于改革创新。这位航行的舵手驾驶着广汉市玻璃制瓶有限公司这艘巨轮,一次次在暴风雨中穿行,劈波斩浪,纵横汪洋。

工作中的周乐俊(摄影:唐焕云)

老骥伏枥,志在千里,前方的浩瀚星海都是远征的方向,周乐俊将以那不变的初心,在其他领域内继续扬帆起航,再踏征程。

他的名字叫"坦克"
——记优秀退役军人钟昌波

唐咸金

钟昌波,1975年出生于四川省广汉市高坪镇水磨村,乡亲们都亲昵地叫他"波儿"。他的微信名字叫"坦克",只因为他曾在部队当过坦克兵,对坦克有着特别深厚的情感。

对于坦克兵来说,选拔是高标准的,培训是超严格的。当钟昌波在山西长治通过一年多的魔鬼式训练,成长为一名合格的坦克驾驶员后,这世上就已经没有什么苦是他不能吃的,没有什么坎儿是他不能过的。

当时,部队的驻地在北京市丰台区,靠近乡村。那是1993年,村里已经通了水泥路,有邮筒、小卖部、餐馆、运输公司、贸易公司,俨然已经具备了一个发达小城镇的规模。美丽的森林公园里,老人们闲适地在树下打太极拳,孩子们无忧无虑地在草坪上放风筝。这样的乡村景致,与家乡的贫穷落后一对比,钟昌波心里不觉萌生出一股强烈的责任感:如果我退伍回去,能当上村主任,一定要把水磨村建设成如此模样!

那时的他觉得村主任就是一个村里最大的官。那时的他也从来没有想过，即使10年后他当了水磨村的党支部书记，真的当了村上最大的官，他的那个村依旧是落后和贫穷的，不说跟北京的村子比，就是在本镇，也是倒数第一名。

1996年，钟昌波退役，命运并没有第一时间把他安排回魂牵梦绕的水磨村。他先是当了辅警，后被招进高坪镇税务所，成了让人羡慕的政府工作人员。2001年，他却毅然辞职，创办了广汉市高坪睿怡农产品加工厂。

农产品加工，是钟昌波童年起就有过的梦想。钟昌波的父亲是粮站站长，1991年起就承包了粮站。钟昌波是在粮食堆里玩大的。每年寒暑假，钟昌波都要去成都的姑妈家。姑妈家外有一个农贸市场，乡亲们都把稻米、粮油等农产品挑到这儿来卖。看到从来不种地的城里人每日每餐都吃着白花花的大米，他就想：如果把村里的谷子收集起来，磨成米，拉到这儿来卖，得卖多少钱啊。从此，加工农产品的梦想在他幼小的心灵里扎了根……

加工厂办起来了，钟昌波圆了童年的梦。虽然不缺货源和销路，但资金匮乏，设备落后，技术不完备，也给加工厂的经营带来了一些困难。是钟昌波优秀的人品和前卫的理念，为他赢得了人生中的第一笔投资。在他只有10万元启动资金的情况下，一位同学的父亲看准了钟昌波的为人和生意路子，大胆借给他50万元，予以全力支持。不到两年，钟昌波就把60万元变成了120万元。钟昌波的生意从无到有、从小到大，走出了成功的第一步。

他的名字叫"坦克"——记优秀退役军人钟昌波

工作中的钟昌波(摄影:唐焕云)

敢于创新的钟昌波没有满足,他准备买地建厂,扩大规模。他找到当时的镇领导,希望能得到支持。镇领导向他发出了邀请:"你这么能干,不如为家乡做点贡献,回你们村去当党支部书记如何?"对钟昌波来说,这不是机遇,而是挑战。土生土长的他怎么会不清楚水磨村当时的现状呢?地处偏僻,经济和村貌全镇倒数第一,没有一条像样的路,民风不振,组织涣散。更有些混混在村里横行霸道,无人敢言,无人敢管。村支书和村主任更换频繁,弄得人焦头烂额,谁都接不住这块烫手山芋。

坦克兵出身的钟昌波又怎么会在挑战面前退却呢?强烈的责任感再次从骨子里腾起。当镇领导带着他去村上宣布任命,请他起来讲几句话时,他的双腿竟不由自主地打着战。摆在钟昌波面前的,是一个实实在在的烂摊子。

钟昌波到任后的第一件事,就是摸底,清理村上积年欠下的旧账。这不清理不打紧,一清理才发现,原来村上欠国家的农业税(2006年,农业税取消),并不是村民没有上缴,而是各村组长和会计收到这些税款后,大多都吃喝挪用了。到后来,村民也是能拖就拖,甚至出现了谁缴谁挨骂的怪事。

俗话说,上梁不正下梁歪。钟昌波决定先从"上梁"纠正起。他把这些村组长和会计收缴的账目厘清,然后通知他们来村上开会,让他们即时按账目说出钱的去向,说不清去向的,该补多少就补多少,签字画押。厘清一个走一个,会议持续到深夜。

一些心里发虚的组长、会计拒不到场,钟昌波就亲自上门去请。遇到关着屋门假装睡觉,怎么喊也不应声的,他就叫人开来自己的汽车,堵住门口,喇叭不停响,直到对方开门为止。对付非常之人就要用非常手段,"上梁"正了,"下梁"不用费一点儿口舌,纷纷补来欠账。经过一年多的努力,挪用、欠交款悉数追回,村上账目全部公示,十分规范透明。

村务工作渐入正轨,接下来就要面对村里的黑恶势力了。村上两个涉黑混混纠集了几个闲汉,长期侵占着村里十多亩砂地,挖砂采石,获取暴利。怎样把这十多亩集体土地收归集体,是钟昌波作为村党支部书记树立威信的关键,那些对他口服心不服的村组长正盯着他。

一天,有人来找钟昌波,告诉他那伙人又在挖砂石了。钟昌波没有惊慌失措,而是迅速召集来20多位战友,先在路上拦住了运砂车。随后,他又义正词严地要求挖砂石的人停止开采,把占用的土地归还到群众手里。此时，支持钟昌波的村民们也陆续赶到现场。闲汉们本来就做贼心虚，再一看大家都支持支书，只好灰溜溜地溜走了……

　　2006年，高坪镇各村都还没有一条水泥路，地处偏僻的水磨村路况更是糟糕。钟昌波决定给村里修一条连接外部的水泥路。刚刚摆脱倒数第一处境的水磨村，有多少家底，钟昌波比任何人都清楚。修路的风声传开，许多人都笑他是在痴人说梦，打肿脸充胖子。村上的其他干部也觉得这是不可能的事。

　　钟昌波先后找了几个建筑老板，请他们做一下预算。有人报价60万元，有人报价45万元，都暗中承诺可以给他几万元的回扣。钟昌波心里敞亮，他需要的不是回扣多少，而是怎样花最少的钱修最好的路。最后，他把工程包给了一个出价38万元但保证质量的建筑老板的团队。

　　38万元，对于一穷二白的村财政来说，无疑是天价。钟昌波开始在心里盘算：村上有废置的小学和村公所，若是盘出去，能得十来万元；村里上千号人，若每人集资50元，富裕的再多出点儿，也可凑个十来万元；然后向政府争取几万元财政补贴，再由他们出面，跟镇上几家大企业"化化缘"，十几万元应该就有了；剩下三五万元的缺口，自己再想办法到处借点儿，修路的钱不就出来了吗？

　　几个月里，钟昌波跑上跑下，磨破嘴皮，在没有盘出小学和村公所的情况下，竟奇迹般地凑足了修路的资金。让钟昌波更为感动的是，村里50多位党员带头参加义务劳动，原本持观望、怀疑态度的村民也积极参与。水泥路通车那天，村民自发组织了一场热闹的踩路仪式。他们挂红绸、放鞭炮、舞狮灯，比过年还热闹。

宽敞平坦的路给水磨村村民带来了极大的便捷。这是一条敢想敢干的路，是钟昌波带领村民走致富、奔小康的路……

路修通了，村民的日子渐渐好起来。他们都把钟昌波当成了贴心人，有什么心里话，都愿意跟他讲。好几个老年人找到他诉苦，说儿子媳妇不管自己，他们衣着光鲜，天天喝茶打牌，却不管自己是否吃得饱、穿得暖。他们希望无所不能的钟书记，能想办法教育一下自己的子女。

清官难断家务事。对于这样的现象，钟昌波可不能硬来了。他采取了迂回的办法，组织各村民小组开展"尊老孝老""孝子贤媳"的评选活动，每组每年评选出一户，村上予以表彰和奖励。如此一来，不孝顺的儿子媳妇渐渐消失了，人人争当孝子贤媳。家庭和睦了，邻里间的关系也和谐了，鸡毛蒜皮的纠纷也一年比一年少。

按照北京小康之村的模样，钟昌波一步一步地规划着水磨村的未来。除了引来投资，建农家乐，搞特色餐饮，扩大村原有的代销店，又筹措20万元，建起了广汉农村的第一个广场。广场上所有的健身器材都由广汉市文体局（今广汉市文体旅游局）捐赠。村民们闲暇时便在广场健健身，跳跳舞，或沿穿村而过的小河两岸散步。岸边绿树成荫，柳枝飘摇，有一座座石刻拱桥架在河上。河边的农舍经过统一的外观改造，琉檐璃瓦，草泥白墙，古朴淡雅，颇有江南遗韵。一条条碎石小巷蜿蜒穿过，漫步其中，让人流连忘返。

辛勤的汗水换来硕果累累。水磨村连续3次代表广汉市接受四川省的

他的名字叫"坦克"——记优秀退役军人钟昌波

精准扶贫工作检查,每次都受到检查组好评。2019年6月,全市乡村振兴试点会议在水磨村召开,得到相关领导的高度评价。此后,又有众多的来访者和"取经者"往来于水磨村……

水磨村的事业步入正轨之后,钟昌波辞去了村党支部书记的职务,专心经营起自家的生意来。此前,在妻子尽心尽力地操持下,自家原有的农产品加工厂已发展成为四川锦花米业有限责任公司,落户于连山镇锦花村。夫妻二人致力于把广汉10万亩高标准农田种植出来的优质大米,进行高标准加工,以此向全国消费者证明,在广汉市,在三星堆文明的发源地,也有好大米。

工作中的钟昌波(摄影:唐焕云)

他们刚上大学的女儿，在他们的影响下，选择了农产品加工专业，学习了更多更精的农产品细加工知识。钟昌波教导女儿，一定要努力学习，将来要为社会研制加工出更营养、更环保、更良心的粮食加工产品。

经过努力，四川锦花米业有限责任公司已是四川省省级重点农业龙头企业。担任广汉市连山镇农业产业发展综合委员会党委书记的钟昌波，感到肩上的责任更重，他满怀信心，朝着更远更高的目标挺进。

在水磨村广场的斜对面，有一面墙画：一个精神抖擞的中年人骑着一辆自行车，神情坚定，目视远方。在他稳稳掌着的车把上，插着一杆迎风招展的党旗……

这个人，村里人都认识，他就是钟昌波。

延续军魂，再创辉煌
——记优秀退役军人秦伟

刘和根

  1994年12月，秦伟，一名风度翩翩、踌躇满志的青年，穿上了绿色军装，来到令人羡慕的北京卫戍区某部，从事被赋予重要使命的警卫工作。入伍不久，他就被部队送到石家庄陆军指挥学院（今国防大学联合作战学院）攻读警卫仪仗专业。他学习认真，训练刻苦，勤奋忠诚，成绩优异，数次被评为优秀战士，获得多次嘉奖，荣立三等功一次，相继担任连队文书、团保密员、排长、连长等职务。

  秦伟在短暂的军旅生涯中进步神速，如果长此以往，年轻有为的他一定能取得更辉煌的成就。但他信守忠诚，在中央军委下达裁军令时，主动向部队提出了退役申请。2004年9月，秦伟光荣退役。他告诫自己，退役不能褪志，退伍不能褪色，回归地方也一定要始终保持人民子弟兵的政治本色，忠于职守忠于国，忠于人民忠于党。

秦伟军旅风采（由广汉市退役军人事务局提供）

退伍后，他又光荣地穿上了警服。从部队到警队，他以军人的优秀品质迅速完成了从一名军人到一名警察的华丽转身。军魂与警魂，一脉相承。秦伟的从警之路，依然处处闪耀着军魂之光。

一

2006年，秦伟在广汉经侦大队工作。当时广汉某地方银行一名员工利用职务之便，取走现金380多万元（约200斤重）后逃离了广汉。接到报案后，秦伟主动请缨，积极参与案件的侦破。

在侦破过程中，他不放过一切可能。嫌疑人逃跑后手机一直处于关机状态，那么嫌疑人会不会再开机呢？秦伟认为，一切皆有可能。于是，他和战友们执着地蹲守。终于有一天，嫌疑人开机了，给老婆打了一个电话，立即又关机了。

有没有可能嫌疑人的老婆接到电话后，与嫌疑人一起逃窜呢？秦伟对这一可能仍不放过。只要有百分之一的可能，就要做百分之百的努力。于是，他们根据嫌疑人老婆的电话定位进行跟踪，来到成都红牌楼一个小区。

这个小区很大，不可能挨家挨户去搜查，更何况嫌疑人又是否与其老婆在一起，还是一个未知数。没有别的办法，只能抱着一线希望进行蹲守。时值夏夜，蚊虫十分猖獗。为了尽量隐蔽，不能拍打，只有感知到被叮咬后才用手去抚开。夜深了，嫌疑人可能早已睡了吧？可秦伟认为，嫌疑人也可能会认为这时很安全，正是出门办事的好时机。

据之前的情报，嫌疑人的衣食住宿都准备得很充分，万一嫌疑人十天半个月不出门，这样蹲守下去能行吗？但秦伟坚信，嫌疑人准备得再充分，有遗漏也是有可能的。总之，不放过一切可能，哪怕有一线希望，也要蹲守下去。

功夫不负有心人，终于，嫌疑人为了买酒，大摇大摆地出来了，秦伟他们一个猛扑，控制住了嫌疑人。秦伟说，把嫌疑人控制住那一瞬间，自己特别有成就感。

二

2007 年，秦伟到金轮派出所任副所长。那时的社会治安形势比较复杂，赌博机、翻牌机及"炸重对"等赌博方式流行，且赌博金额巨大，常搞得参赌人员倾家荡产，妻离子散。对此，群众反应十分强烈，社会影响特别恶劣。面对如此复杂的形势，作为辖区治安防范和案件侦破负责人的秦伟，决心出重拳进行整治。

寒冬腊月的一天，秦伟侦查到一个"炸重对"的流动团伙。为了准确地掌握他们的活动地点与活动规律，秦伟带领几名同事冒着严寒，在四正村和塔园村潜伏侦查，连着蹲守了好几天。就在这时，他收到了恐吓：如果你要过于较真，谨防给你甩两个地瓜弹，要么从金轮镇滚蛋，要么从地球上消失！

当时的秦伟并不知道什么是地瓜弹，之后才明白是该团伙的自制手雷。有朋友劝秦伟："你应该学习卧地练瞄准——睁只眼闭只眼。做事不要太认真，可以雷声大雨点小，可以敲榔榔吓猴子。你得为家里人想想啊！"

朋友一席话说得秦伟一愣。是啊，女儿才3岁，妻子也多次表达了担心。可是，这一瞬间的念头反而让秦伟更加坚定了信念：邪恶不除，更让人担心。不还金轮一片净土，是没法向上级、向人民交代的。头顶警徽，岂能容忍邪恶肆虐？脚踏厚土，定当维系一方平安。不管那帮人是谁，首先要相信组织相信党，相信正义的力量，相信自己一身忠勇的能力。

从警无私，一身正气必压邪气；执法无畏，两袖清风定镇歪风。于是，秦伟一面请求上级的支援，一面抓紧布控。最终，一天傍晚时分，他带领本所民警会同特巡警大队50余人，在赌博现场成功抓获了涉赌人员20多名，查获赌资几十万元，收缴管制刀具数把，有力地打击了涉赌涉黑团伙的嚣张气焰。

三

"5·12"汶川大地震当天中午，金轮派出所副所长秦伟正在所里翻阅案件资料。突然，一种异样的震动和瓦砾的碎响让他下意识地抬起头来。他发现，对面老戏院的墙面已被撕开1米多宽。顷刻间地动屋摇，家具倾倒，室内物品被摔得满地跑……他敏锐地意识到，大地震来时人的安全最重要，他即刻呼叫同事们集中到安全地带。

然后，他要第一时间向上级报告，这是在部队养成的习惯。可是，手机打不通了，他只好冒着房屋垮塌的危险冲进室内打座机。谁知，座机也打不通了。但他没有放弃，继续在室内寻找办法。突然，他发现电脑还能用。这时外面的同事在喊："快出来，里面危险！"秦伟却临危不惧，冷静沉着地在华联软件里打开了公安系统的网页，第一时间发出了"金轮发生地震，人员伤亡不详"的讯息。

震中究竟在哪里？他在揣测。在第一时间发出讯息之后，他又想起了妻子和4岁的女儿：家里情况怎么样了？会不会比金轮更严重？会不会离震中更近？她们是否安然无恙？一切都一无所知。可是，电话又打不通，他好想回家看看！

然而，在这紧要关头，他身负的职责又不允许离开工作岗位。因为这时，秦伟和他的同事们有许许多多的工作要做：抢险、救援、安抚、安置、走访、巡防、值班、接待……大家忙得不可开交，废寝忘食。

直到震后的第四天，秦伟才挤出一点时间回家探望。走进家门，女儿一头扑来,抱着秦伟哭道:"爸爸,您怎么这么久不回来啊?我、我、我好想您。"妻子也眼含泪花,轻轻地说道:"今晚就不走了,好好陪陪女儿吧!""不行啊!"秦伟一阵心酸,感觉愧对家人,但他仍然说,"金轮受灾很严重,那里更需要我!等灾情缓解了,我再好好弥补对你们母女的亏欠吧!"他把女儿哄睡后,就匆匆离开了家,直奔金轮,又投入紧张的战斗中去了。

四

2011年,就在秦伟调任高坪派出所指导员不久,公安部电视电话会议决定,将在全国范围内开展为期一年的"清网行动"。上级下了死命令,辖区内凡被通缉的逃犯,都必须抓捕归案。因为敬业,所以尽力,秦伟与同事们一道,认真仔细摸排案件,千方百计寻找线索。

工作中的秦伟(摄影:刘春)

延续军魂，再创辉煌——记优秀退役军人秦伟

其中有一个案子，是 20 世纪 80 年代辖区内发生的一起杀人案件，被通缉的犯罪嫌疑人李某一直逍遥法外。当年，李某在打纸牌时，为了 1 元钱和受害人发生争执。争执中，李某失手杀死了受害人。李某随即畏罪潜逃，其全家人都随之消失，十多年来一直杳无音信。想要抓住这样的逃犯确实十分困难。

秦伟认为，困难对于性格懦弱者是绊脚石，对于信念坚定者是垫脚石。在多次寻访中，秦伟偶然听到群众议论李某谈对象的事。突然，他产生了一个灵感：有没有可能在民政部门查到一些蛛丝马迹呢？按他的习惯思维，一切皆有可能。听说那里的档案是纸海卷山，但秦伟并没有嫌麻烦，还是按照规定办好相关手续后，前去翻阅查找海量的结婚登记记录。

老天眷顾有心人，刚翻到第二页，便是李某和云南昭通一个女子的结婚登记记录。根据这一线索，雷厉风行的秦伟一行人立即赶往云南昭通。幸运的是，一线希望变成了丰满的现实，他们如愿以偿地抓获了潜逃十多年的犯罪嫌疑人，为这一年的"清网行动"啃下了一块硬骨头。

五

经过多年的扫黑除恶，广汉的黑恶势力得到了有效的遏制，但仍不能掉以轻心，放松警惕。已是金鱼派出所所长的秦伟认为，警察的人生旋律，只有进行曲，没有休止符。2019 年 1 月，秦伟就以警察特有的警觉挖出了绵阳地区一个具有黑恶性质的犯罪团伙。

工作中的秦伟（摄影：刘春）

一天，秦伟听到群众议论，金鱼某司机在绵阳被抢了。秦伟进一步了解情况后，便找到这位司机进行询问，可司机担心因为自己的某些做法被追究责任，不承认自己在绵阳被抢过。按照常理，到了这一步，派出所就是不过问也没什么问题了。秦伟却说，凡是涉及案件，警察的嗅觉都是灵敏的，兴趣都是浓厚的。于是，他耐心地做通司机的思想工作，并进一步调查取证。在群众的帮助下，于1月7日这天，秦伟和同事们把再次来到金鱼行骗的一男一女抓获，并带回派出所进行讯问。后来，他们又巧妙地抓获了二人的另外3名同伙。

据犯罪嫌疑人交代，自2017年至2019年1月7日，他们进行抢劫作案100多起。为了破获这一案件，秦伟和同事们奔波往返无数的市县乡镇，行程1万多公里，落实了20多起案件的证人。与此同时，还落实了5个嫌疑人在绵阳当地开设赌场的证据。这些人个个身带管制刀具，为害多地，万万没想到竟在广汉金鱼翻了船。

延续军魂，再创辉煌——记优秀退役军人秦伟

现今的金鱼治安良好，人们安居乐业。金鱼派出所在所长秦伟的带领下，坚持有黑打黑、有恶除恶、有霸铲霸、有乱治乱的原则，发现就打，一有苗头就打，确保了一方平安。面对此情此景，秦伟却从容镇定道："士不可以不弘毅，任重而道远啊！"

退伍老兵的座右铭："三老四严"
——记优秀退役军人雒朝明

孔继红

用真心抚慰一颗颗受伤的心

用真情擦干一双双流泪的眼

用热忱弹出一曲曲和谐的歌

用真诚化解一个个积年的案

党和人民满意

就是最大的褒奖与称赞

……

这是一首写给调解员的诗，道出了调解员的心声，作者雒朝明正是四川省广汉市医患纠纷人民调解委员会办公室主任，也是一名经验丰富的人民调解员。今年已经63岁的他，个头不高，面容和蔼，圆额大耳，寸发虚白。或许是多年从事调解员工作的缘故，他语速不急不缓，说话讲究

退伍老兵的座右铭:"三老四严"——记优秀退役军人雒朝明

条理。在与雒朝明的交谈中,"三老四严"是他的口头禅,也是他奋斗途中的座右铭。做人要当老实人,说老实话,办老实事;做事要有严格的要求,严密的组织,严肃的态度,严明的纪律——雒朝明始终恪守父亲教导的"三老四严"。

从部队退役后,雒朝明从事过许多不同的工作,在不同的岗位上都表现优异,多次被评为先进工作者、优秀共产党员、先进党务工作者等。十几年来,他一直在调解员的岗位上兢兢业业,由于在工作中表现出色,被誉为"金牌调解员"、调解高手,还被公安局、信访局聘请为"公调对接""访调对接"调解员,被德阳市司法局评为二级人民调解员,长期担任广汉法院的人民陪审员,以及广汉金鱼法律服务所主任,多次荣获政法及维稳部门的表彰和奖励。2020年3月,雒朝明又被选聘为刚成立的德阳市人民调解委员会委员。同年底,广汉司法局为其挂上了"雒朝明调解工作室"的牌匾,并推举他为四川省优秀人民陪审员。

起起落落,他总是笑对人生

雒朝明的人生经历非常丰富,几次从零开始,几度起起落落,挫折、磨难、坚韧、奋起,贯穿了他的几十年人生旅途。也是丰富的经历,令身材矮小的他成为内心强大的人。

1978年底,雒朝明报名参军,在青藏公路筑路部队当了一名汽车兵。整整4年,青藏高原艰苦的施工环境和熔炉般的连队生活,锤炼出他顽强的意志。1980年3月,他就因表现突出,在1200多名同批入伍的新兵中第一个入党。在部队,无论军事训练,还是汽车连队工作,他都表现优异,7次受到连、营嘉奖,他的事迹还被作为城市兵的优秀典型在全师通报表彰。

雒朝明军旅风采(由广汉市退役军人事务局提供)

1982年底,雒朝明退役后,被安排到当时在广汉很有名气的国有企业广汉粮食局油脂化工厂工作,先后担任人事干事、厂办主任、党支部书记兼工会主席等职。由于工作出色,其事迹经验多次在粮食系统和全市推广学习。

那时的雒朝明仅有20多岁,正当他春风得意、踌躇满志之时,国有企业改制使他的人生发生了重大转折。1992年,雒朝明下岗了。"当时感觉突然坠入人生低谷,是父亲'三老四严'的教诲及时鼓励了我。我也想

退伍老兵的座右铭:"三老四严"——记优秀退役军人雒朝明

起退伍时部队首长叮嘱'要永葆军人本色'的话,于是重新振作起来。"

"我要像昆仑山上的一棵小草,哪怕是在冰天雪地也要顽强生长!"雒朝明决心要坚持军人的顽强作风和坚定的人生信念,毅然放弃留任粮食局办公室主任的机会,主动应聘到当时广汉最大的中外合资企业广汉金源米业有限公司担任办公室主任。公司新产品推出不久,他又兼任销售部经理,很快打开市场销路,将公司经营得风生水起。

1996年,广汉筹建另一家大型企业,当时的市领导亲自找雒朝明谈话,希望他去四川广康化纤公司(切片厂)做销售工作。雒朝明又从零开始,从基层销售业务员干起。第一年公司就实现上亿元销售额,约85%的产品都是由他一人推销出去的。由于业务能力强、政治素质好,他先后升任片区经理、公司销售部经理。

用雒朝明自己的话说:"我就是喜欢不断适应新的环境和挑战!"2002年,雒朝明应聘到广汉市科技局担任文秘。当时"科技兴市"的口号刚刚喊响,雒朝明一边学习前沿科技讯息,一边脚踏实地深入工厂和田间地头,掌握第一手资料,几年中撰写出多篇有深度的调研文章,其中《加速发展制造业基地的思考》被广汉市委政研室评为一等奖。

公平公正,他用心当好人民调解员

2010年,广汉市成立医患纠纷人民调解委员会(以下简称"医调委"),有综治、司法、卫生、公安等多家成员单位,雒朝明受聘到此工作。这对当时已经52岁的雒朝明来说,又是一个全新的挑战。

以"三老四严"为座右铭,就要做到干一行、学一行、专一行。雒朝明努力学习法律知识、医学常识、心理研究、谈话技巧,运用自己多年做政治思想工作的经验,很快适应了工作。

工作中的雒朝明(摄影:郭大贵)

刚进入医调委工作的那年,雒朝明就圆满处理了一起拖延8年的医疗纠纷。事情起源于2002年11月,患者辜某因右股骨头缺血坏死入院,术后出现功能障碍。辜某认为手术失败后医院隐瞒了真实情况,导致其残疾,要求医院"给说法",双方多次协商无果。辜某甚至刻制了"老辜讨说法专用章",开始了长达8年的上访。

雒朝明接手后,秉持公平公正的立场,细致讲解,耐心沟通,他的努

退伍老兵的座右铭:"三老四严"——记优秀退役军人雒朝明

力和执着终于让当事双方达成调解。2010年建党节那天,辜某带着一面锦旗来到医调委,动情地说:"多亏有雒朝明这样尽职尽责的调解人,为我处理好了拖延这么多年的纠纷!今天是党的生日,感谢党,感谢政府,感谢人民调解员!"

2017年,雒朝明接手了一起一波三折的胎死腹中案。当时24岁的孕妇刘某入院待产,被诊断为重度妊娠期肝内胆汁淤积症,次日凌晨发现胎心消失,检查显示宫内死胎。雒朝明先安抚了家属情绪,在了解案情经过、弄清双方焦点后,引导双方进入鉴定程序。

之后,家属方又认为病历记录有作假嫌疑,邀约了20多人到医院"讨说法"。雒朝明继续耐心地动之以情、晓之以理,用浅显易懂的语言明法析理,同时深入调查评估,查阅病历资料、监控录像,对照查阅病历管理规范、教科书及诊疗指南,排除了病历作假嫌疑。雒朝明及时提出了合情合理又合法的解决方案,最终双方均对调解结果表示满意。

雒朝明成功处理的这起胎死腹中案,还入选了《中华全国人民调解员协会专业调委会获奖典型案例》。"我深深体会到,做好调解工作的法宝就是:有一个公平正义的立场,有一颗怜悯之心,有一种认真负责的精神,并且努力做到专业化。"雒朝明如是说。

十几年来,经雒朝明调解处理的各类复杂疑难纠纷达238起,调解成功率达96.5%,提供义务法律咨询服务260余件,还担任5家企事业单位的常年法律顾问。

秉承父训，他始终恪守"三老四严"座右铭

"三老四严"的座右铭，充分体现在雒朝明几十年从事不同的工作上，他总是力求尽最大努力做到最好。即便是在年过五旬时才到医调委工作，雒朝明仍初心不改、秉持信念，将调解工作窗口前移到医院和乡村、社区，向当事人免费提供法律咨询，常常顾不上吃饭，有时还忙碌到深夜。

"雒朝明退伍不褪色，他信念坚定、自强不息、勤奋学习、甘于奉献，在化解各类矛盾纠纷工作中公平公正，为我市社会稳定和发展做出了突出贡献。"广汉市医调委主任陈长英评价道。

工作中的雒朝明（摄影：郭大贵）

雒朝明的办公室和家里，摆满了各种法律和医学等专业书籍：《医疗纠纷防范与处理》《最高人民法院医疗损害责任司法解释理解与适用》《侵权责任法"医疗损害责任"条文深度解读与案例剖析》《人民陪审员实用

手册》《百姓生活常见案例大讲堂》……此外，雒朝明还记下了 10 多本笔记，并在其中写下自己的心得体会。妻子笑言："老雒爱读书，家里不像是家，更像是个书店。"

雒朝明还热心公益，常想着自己能为社会做些什么。在科技局工作期间，雒朝明从报纸上看到一些孩子因为家庭贫困面临辍学的窘境，便主动联系到万州云阳县一名的 7 岁小女孩，资助她从小学一直到大学的学费。当收到女孩的来信，得知她考上了重庆师范大学，雒朝明觉得非常安慰。

尽管工作忙碌，但雒朝明仍坚持自己的业余爱好，看书、听音乐、看新闻和法治栏目，诗书、琴画、歌舞都有涉猎。他退伍几十年仍然保持着在部队时的习惯，每天坚持锻炼身体，骑着自行车上下班。

2020 年春节前，雒朝明对自己 10 年调解工作有感而发，创作了一首长诗《为你点赞》：

每天
你要处理形形色色的矛盾
你要面对一张张怒气冲冲的脸
你听得最多的是哭声、骂声和埋怨声
你碰到的都是令人头痛的疑难
做不完的烦事、难事、窝囊事
怎不让人委屈、无奈和心酸
多少次

你流下默默的泪

多少回

节假日你还在加班

然而

你却怀着对党的忠诚

肩负着对人民的使命

不计荣辱得失

不计个人名利

坦然面对,以苦为甘

你的心

始终连着人民

在艰苦工作的同时

品味着为民解忧的欣然

……

编后记

新中国的诞生，离不开中国共产党的正确领导，离不开革命先烈、人民军队、人民群众的浴血奋战。新中国的和平、稳定与发展，有中国特色社会主义现代化强国的建设，同样凝聚着一代又一代革命军人的满腔激情与热血、青春与韶华。告别军营转战地方的退役军人们，他们无怨无悔，不忘初心，从头再来，砥砺前行。行政机关、事业单位、企业乡村，处处可见退役军人的英姿。他们身上彰显出忠诚、坚韧、勇敢、担当、奉献等军人特质，为地方经济、社会、文化发展做出了不可磨灭的贡献。

为真实生动反映广汉退役军人优秀群像，传递正能量，弘扬真善美，激励退役军人立足家乡，情系故土，再创佳绩，再立新功，中共广汉市委、广汉市人民政府决定编写出版《永不褪色的人生》一书，并由广汉市退役军人事务局牵头组成编委会。

接到任务之后，我们全体编委会成员满怀对广汉这片发展热土的挚爱，对优秀退役军人的敬慕，从人物评选、资料收集、深入采访、潜心创作，到统筹定稿，历时近半年，终于于2020年12月完成编写任务，并于2022年3月做了一些补充。

由于题材独特，时间紧迫，水平有限，加之绝大部分参与创作的同志有公务在身，此书的编创尚有诸多遗漏、缺憾。但是，能够为广汉塑造出这样一组优秀退役军人群像，为不同年代、不同行业、不同业绩、不同特质的优秀退役军人留下这些文字，为伟大的中国共产党献上这样一份礼物，我们已经感到十分欣慰。

真诚感谢中共广汉市委、广汉市人大、广汉市人民政府、广汉市政协领导的信任！感谢各乡镇、部门的积极配合与支持！感谢广汉广交道路工程有限公司、广汉市煦川混凝土有限公司的热情赞助！感谢北京时代光华图书有限公司的鼎力相助！

《永不褪色的人生》编委会

执笔：马俊